Hans Stolp / Margarete van den Brink

BEGEGNUNGEN IM LICHTREICH

Der Umgang mit Verstorbenen

Hans Stolp / Margarete van den Brink

Begegnungen im Lichtreich

Der Umgang mit Verstorbenen

Aquamarin Verlag

1. Auflage 2002

Voglherd 1 • D-85567 Grafing
Aus dem Holländischen übersetzt von M. J. Fiedler

Originaltitel: Omgaan met Gestorvenen
Umschlaggestaltung: Annette Wagner
Druck und Bindung: Ebner & Spiegel, Ulm

ISBN 3-89427-186-8

INHALT

VORWORT

Was geschieht mit einem geliebten Menschen, der stirbt? Mehr und mehr Menschen fühlen im Herzen mit einer zunehmenden Gewissheit, dass der Tod nicht das Ende ist. Aber wenn der Tod kein Ende ist, wie geht es dann jenseits des Todes weiter?

Es ist diese uralte Frage – mit der jeder konfrontiert wird, der einen geliebten Menschen dem Tod überlassen muss –, die uns zum Schreiben dieses Buches veranlasste. Denn es gibt offensichtlich eine Antwort auf diese Frage! Eine Antwort, die nicht allein von den östlichen Religionen gegeben wird, sondern die auch im Christentum überliefert wurde. Allerdings musste diese Antwort jahrhundertelang im Geheimen weitergegeben werden, und deshalb wurde sie vergessen. Aber dennoch gibt es diese Antwort!

In diesem Buch wollen wir erneut auf die Überzeugungen jenes verborgenen Christentums über das Leben nach dem Tod aufmerksam machen. Dabei wird deutlich werden, dass jene Antworten überraschende Parallelen mit den Antworten aufweisen, welche die östliche Tradition auf diese Frage gibt.

Es ist gewiss kein einfaches Buch geworden. Das kann es auch nicht sein, denn der Einblick in das Leben jenseits des Todes ist eng mit anderen Anschauungen verbunden, die im ursprünglichen Christentum noch bekannt waren, die in den späteren Jahrhunderten des Christentums jedoch verloren gegangen sind. Jene alten Überzeugungen belegen, was geschieht, wenn ein Mensch stirbt und wie anschließend dessen Weg durch die geistigen Welten verläuft.

Wir, die beiden Autoren, haben mit sehr viel Freude an diesem Buch gearbeitet. Spürend, dass wir damit nicht nur ein eigenes inneres Verlangen verwirklichten, sondern auch stillen Stimmen aus der geistigen Welt Gehör schenkten. Denn gerade aus jener Welt kommt der Aufruf, unsere Angst vor dem Tod abzulegen und uns innerlich wieder vertraut zu machen mit den alten Geheimnissen des Todes – und damit auch mit den Geheimnissen des Lebens selbst. Denn wer die Angst vor dem Tod ablegt, legt damit auch die Angst vor seinem Leben ab und kann unbefangen das Leben hier und jetzt auf sich zukommen lassen. Darum verändern die Anschauungen dieses Buches nicht allein die übliche Auffassung über den Tod, sondern auch die Einstellung hinsichtlich des Lebens selbst.

Viele, die einen geliebten Menschen an den Tod verloren haben, leben innerlich weiter mit ihm: sie reden mit ihr oder ihm, zünden beim Foto eine Kerze an und feiern ihren oder seinen Sterbetag und Geburtstag; denn gefühlsmäßig bleibt das Band der Liebe bestehen, auch wenn der andere gestorben ist. Und so schenken wir alle, oft intuitiv und spontan, jener alten Erkenntnis Gehör, dass wahre Liebe ewig ist und niemals aufhört. Doch wir halten oft nicht inne und bedenken, dass auch unsere Lieben im Jenseits auf uns bezogen bleiben und uns mit Liebe umgeben. Sie bleiben dort, in der geistigen Welt, für alles empfänglich, was aus unserem Herzen zu ihnen strömt.

Wir bleiben also miteinander verbunden, wenn der eine auch hier auf Erden und der andere dort, in der geistigen Welt, lebt. Deshalb wollen wir in diesem Buch auch deutlich machen, wie man in dieser neuen Situation miteinander umgehen könnte, was wir einerseits auf Erden für unsere Lieben in der geistigen Welt tun dürfen, und was andererseits unsere Lieben in der geistigen Welt für uns für eine Bedeutung haben. Wir dürfen also lernen, auf eine neue, aber gewiss ebenso intensive Art und Weise wie früher miteinander umzugehen!

Lassen Sie uns, ehe Sie mit dem Lesen des Buches selbst beginnen, mit einem Wunsch schließen: Wir würden uns freuen, wenn Sie den Inhalt dieses Buches nicht bloß mit Ihrem Kopf begriffen, sondern dass durch das Lesen dieses Buches jenes alte Wissen Ihres eigenen Herzens wieder zurück zu Ihnen käme. So könnten Sie ganz konkret erfahren, wie Sie auch in dieser neuen Situation mit Liebe, Wärme und wissender Weisheit mit Ihren Lieben im Jenseits verbunden bleiben.

Margarete van den Brink / Hans Stolp

1

DIE TRAGIK DES TRADITIONELLEN CHRISTENTUMS

Gibt es ein Leben nach dem Tode?
»Ich hoffe es«, sagen manche, oder: »Ich weiß es nicht, ich werde schon sehen.« Andere erwidern: »Nach dem Tod ist alles zu Ende«, oder: »Niemand weiß, ob es wohl ein Leben nach dem Tode gibt, und wir werden es auch niemals erfahren. Es ist schließlich noch nie jemand zurückgekehrt ...«

Die Verwirrung über die Frage, ob es ein Fortbestehen nach dem Tode gibt, ist groß. Wir wissen es nicht.

Eigentlich könnten wir besser sagen: Wir wissen es nicht mehr. Denn in früheren Zeiten war das anders. Im Mittelalter und im Altertum war es für jeden Menschen selbstverständlicher Glaube, dass man nach dem Tod weiterlebte. Jeder erfuhr es und wusste es von innen heraus mit großer Sicherheit. Die heiligen Bücher sprachen darüber und die geistlichen Führer wiesen immer wieder darauf hin. Es kam in den Menschen nicht einmal die Frage auf, ob es ein Leben nach dem Tod gab.

In unserer Zeit nimmt der Zweifel über das Leben nach dem Tod immer mehr zu. Es ist selbst so, dass Menschen, für die das Leben nach dem Tod vor zwanzig, dreißig Jahren noch selbstverständlich war, heute sagen, dass sie es nicht mehr wissen. An und für sich ist das merkwürdig. Nicht allein weil es zum ersten Mal in der Geschichte geschieht, dass dieser Zweifel so allgemein wird, sondern auch, weil so viel über das Leben nach dem Tod bekannt ist. Was ist eigentlich los?

Alle großen Religionen und geistlichen Strömungen gehen von

einem Fortbestehen nach dem Tode aus. In alten Dokumenten, wie der *Brihadaranyaka Upanishad,* dem *Ägyptischen Totenbuch* und dem *Tibetischen Totenbuch,* findet man lebhafte Beschreibungen über den Weg, den der Gestorbene im Jenseits geht. Auch die Bibel spricht darüber, sowohl im Alten als auch im Neuen Testament. Innerhalb des Christentums ist das Fortbestehen daher immer ein anerkanntes Faktum gewesen.

Die Auffassungen über das Leben nach dem Tode wurden und werden innerhalb des westlichen Christentums vor allem von den protestantischen und römisch-katholischen Kirchen bestimmt. Das war jahrhundertelang der Fall. Doch der Prozess der Säkularisierung, der die Gesellschaft beeinflusst, trifft in unserer Zeit auch die Kirchen. Die Folge davon ist, dass die gängigen religiösen Überzeugungen zur Diskussion stehen und hier und dort verschwinden.

Die geistliche Macht in Rom reagiert darauf, indem sie die traditionellen Glaubenswerte der römisch-katholischen Kirche mit Zähnen und Klauen verteidigt. Die protestantischen Kirchen fallen mehr und mehr in zwei verschiedene Kategorien auseinander. Auf der einen Seite sehen wir Kirchen, die an den traditionellen Glaubensauffassungen festhalten, während auf der anderen Seite Kirchen entstehen, die sich davon mehr oder weniger loslösen und die vor allem die gesellschaftlichen Fragen nachdrücklich hervorheben, aber auf die alten religiösen Fragen immer undeutlicher und schattenhafter reagieren.

Welche Konsequenzen hat diese Entwicklung für den Glauben an das Weiterleben nach dem Tode? Was ist, kurz gesagt, die traditionell-protestantische Auffassung über das Leben nach dem Tod? Und was die römisch-katholische?

Die traditionell-protestantischen Kirchen gehen davon aus, dass es nach dem Tode zwei Möglichkeiten gibt. Du kommst in den Himmel oder in die Hölle. Du kommst in den Himmel, wenn du während deines Lebens übereinstimmend mit den Geboten Gottes und der Bibel gelebt hast. Hast du das nicht getan oder hast du dich, ohne deine Sünden zu bereuen, so schlecht benommen, dass Rettung unmöglich ist, dann kommst du in die Hölle.

Der römische Katholizismus hat eine vergleichbare Auffassung. Wenn du dich übereinstimmend mit den kirchlichen Vorschriften verhalten hast, kommst du in den Himmel. Bist du schlecht gewesen, nicht zur Einsicht gekommen und hast du nicht mit Hilfe der Kirche für deine Sünden Buße getan, so kommst du in die Hölle. Der Unterschied zwischen der römischen und der protestantischen Auffassung liegt vor allem in dem, was der Gestorbene direkt nach dem Tode mitmacht. Die römisch-katholische Lehre sagt, dass derjenige, der stirbt, direkt nach seinem Tod zunächst durch einen Läuterungsprozess, durch das so genannte Fegefeuer, geht, ehe er oder sie in den Himmel kommt. Das Fegefeuer wird als eine Art Zwischenzustand zwischen der Erde und dem Himmel gesehen; wo der Verstorbene für alles, was sie oder er während des Lebens falsch gemacht oder unterlassen hat, Buße tun muss. Erst wenn der Gestorbene durch ein verzehrendes Feuer von allen Sünden rein gewaschen ist, kann dieser in den Himmel eingehen.

Diese Zwischenphase durchleben alle gestorbenen Gläubigen, außer denjenigen, die heilig sind. Heilige sind Menschen, die schon während ihres irdischen Lebens einen Zustand der Vollkommenheit erreicht haben. Da sie auf Erden schon »rein« geworden sind, brauchen sie nicht mehr durchs Fegefeuer. Sie werden nach ihrem Tod direkt in den Himmel aufgenommen.

Ein wichtiges Merkmal der römisch-katholischen Kirche ist es, dass sie ihren Gläubigen schon während des Lebens auf Erden die Möglichkeit gewährt, »Ablässe« zu verdienen, die den Aufenthalt im Fegefeuer verkürzen. Der Ablass ist eine kirchliche Anordnung, die den Menschen nach Bußübungen und besonderen religiösen Handlungen einen Teil der Zeit im Fegefeuer erlässt. So beschloss zum Beispiel Papst Johannes Paul II. durch eine päpstliche Bulle, dass, anlässlich des Heiligen Jahres 2000, durch Taten der Nächstenliebe, Fasten und Pilgerreisen nach Rom oder ins Heilige Land, extra Ablässe verdient werden konnten.

Sowohl innerhalb der traditionell-protestantischen Kirche als auch in der römisch-katholischen Kirche wird das Leben im Himmel als ein Leben in einer Sphäre der Ruhe und des Friedens und des ewigen Lobgesanges um Gottes Thron gesehen.

Innerhalb der römisch-katholischen Kirche bedeutet dies auch mehrstimmigen Gesang mit Engelchören, die aus verschiedenen Regionen in der Himmelswelt stammen. Die Hölle wird in dieser Kirche ebenso abschreckend dargestellt wie in der traditionell-protestantischen, als ein Zustand des brennenden Schmerzes, der Qual und der Gottverlassenheit. Dabei ist das Leben des Menschen nach dem Tode im Himmel oder in der Hölle für beide Strömungen ewig. Das heißt – für immer und ohne Ende.

Während innerhalb unserer Gesellschaft auf der einen Seite der Zweifel über das Leben nach dem Tode wächst, nimmt – merkwürdigerweise – auf der anderen Seite das Interesse für alles, was mit Tod, Sterben und dem Leben nach dem Tode zu tun hat, von Tag zu Tag zu. Vorträge und Arbeitskreise, die das Leben nach dem Tode zum Thema haben, ziehen Hunderte von Menschen an, die darüber hören wollen. Außerdem erscheint auf diesem Gebiet ein Buch nach dem anderen. Auch die Fragen, die die Menschen haben, werden eindringlicher und spezifischer. Oft sind diese die Folge von außergewöhnlichen persönlichen Erlebnissen, wie zum Beispiel der Verlust eines geliebten Menschen oder eine Nah-Tod-Erfahrung. Es ist so, als ob die Menschen spürten, dass über ein Thema wie das Leben nach dem Tode noch lange nicht alles gesagt sei und mehr darüber wissen wollen. Aber an wen soll man sich mit seinen Fragen wenden?

Von jeher gingen Menschen mit Fragen auf diesem Gebiet zu einem Pastor oder einem Pfarrer. Das ist auch jetzt noch der Fall. Aber was geschieht, wenn man das tut? Die Erfahrung zeigt, dass die Antwort abhängig ist von der Frage, auf welcher Seite der Pastor oder der Pfarrer steht. Der eine wird in seiner Antwort die traditionell kirchliche Auffassung wiedergeben, während der andere, der sich davon losgelöst hat, etwas sagen wird wie: »Die Kirche hat immer dies und das gesagt, aber daran glauben wir so nicht mehr.« Oder: »Gibt es ein Leben nach dem Tod? Möglich, ich weiß es nicht.« Antworten, welche die Verwirrung bei dem fragenden Menschen noch größer machen. Auffallend ist, dass viele Antworten von römisch-katholischen oder protestantischen Pastoren wiedergeben, was der Tod nicht ist, und nicht, was der Tod wohl ist. Für manche ist übrigens selbst die ganze Existenz Gottes eine offene Frage geworden.

Vor einiger Zeit stand in der Tageszeitung »Trouw« ein Interview mit Pastor Carel ter Linden aus Den Haag.

Das Interview fand anlässlich der Herausgabe seines Buches *Een land waar je de weg niet kent*[1] statt. Es handelt über den Umgang mit Menschen, die infolge des Todes eines geliebten Menschen trauern. Das Material für dieses Buch sammelte Ter Linden in den fünfzehn Jahren, da er Trauergesellschaften begleitete. Als er die letzte Hand an sein Buch legte, stellte sich heraus, dass seine eigene Frau unheilbar krank war. Sie starb ein Jahr später.

Auf die Frage des Journalisten, wie er selbst das Leben nach dem Tode sehe, antwortete Ter Linden:

»Das ist die schwierigste Frage, die Sie mir stellen können. Wir können höchstens auf irgendetwas hoffen, etwas vermuten, auf irgendetwas vertrauen. Ich hoffe, dass ich Gott »sehen« werde. Letztendlich. Dass mir etwas von dem Geheimnis dieser Welt und dieses Lebens enthüllt wird. Ich würde so gerne einmal hinter die

Kulissen blicken. Gleichzeitig sagt mein Verstand, dass es unmöglich ist. Früher glaubte der Mensch, dass er eine unsterbliche Seele hatte, die sich vom sterblichen Körper löste und zu Gott ging. Das ist für viele Gläubige kein annehmbarer Gedanke mehr. Unsere Seele lebt dank der Tatsache, dass unser Gehirn lebt, doch wenn dieses stirbt, stirbt auch die Seele.

Dennoch hoffe ich, beinahe wider besseres Wissen, dass mein Glauben, wenn es auch nur für einen Augenblick wäre, in Schauen übergehen möge.

Aber vielleicht bedeutet Fortleben bei Gott nicht so sehr, »ihn zu erschauen«, als vielmehr »Fortzuleben in Menschen«. Was in Gottes Geist gesagt oder getan worden ist, geht nicht verloren, sondern bleibt als ein kleines Glied in Gottes Geschichte bewahrt.[2]

Diese Worte lassen erkennen, dass hier ein Mensch das Wort hat, in dessen Herz ein tiefes Verlangen nach Gott lebt und der hofft, dass er nach dem Tode die Wahrheit in Bezug auf die Existenz Gottes kennen lernen wird. Gleichzeitig sagt ihm sein Intellekt, dass jenes Verlangen unmöglich und irreal ist. Die Wissenschaft hat schließlich nachgewiesen, dass das, was wir im kirchlichen Sinne immer die Seele genannt haben, nur dank der Tatsache lebt, dass wir ein Gehirn haben. Sterben wir, so stirbt auch unser Körper, und folglich auch unser Gehirn und unsere Seele. Mit anderen Worten: Dann bleibt nichts mehr von uns übrig.

In Ter Linden wird das ganze geistige Ringen des Menschen in unserer Zeit sichtbar; jener Mensch, der tief nach dem Kontakt mit Gott verlangt, der innerlich auch fühlt und weiß, dass es Ihn gibt, doch dessen Verstand jenes Gefühl immer wieder entkräftet und dabei so viel Zweifel zu säen weiß, dass nichts mehr übrig bleibt.

Ter Linden ist aber nicht nur ein Autor, er ist auch Pfarrer der reformierten Kirche. In dieser Funktion hat er die Aufgabe, Menschen auf ihrem religiösen Weg zu Gott und auf dem Sterbebett in den Tod zu begleiten. In seinem Falle sind es nicht nur gewöhnliche Menschen, sondern, weil er in der Klosterkirche in Den Haag den Gottesdienst geleitet hat, auch Mitglieder der königlichen Familie.

Seine Worte machen deutlich, dass er, und damit auch seine Kirche, die wichtigsten Antworten auf die Fragen des Daseins nicht mehr zu geben vermag. Es wird von den traditionellen Glaubensauffassungen Abstand genommen, doch es wird nichts dafür an deren Platz gestellt. Die Folge sind Gottesdienste, in denen Worte gebraucht werden, die keinen Inhalt mehr haben, und wo Leere herrscht. Es ist denn auch nicht verwunderlich, dass Menschen in großer Anzahl ihre Kirchenmitgliedschaft aufkündigen und aus dem kirchlichen Leben austreten. Viele können die Leere nicht länger ertragen und gehen anderswo auf Suche. Das gilt vor allem für diejenigen, die selbst tiefgehende religiöse Erlebnisse hatten. Erlebnisse wie außerkörperliche oder Nah-Tod-Erfahrungen, Reisen in die geistige- oder Himmelswelt, Begegnungen mit Verstorbenen und dergleichen. Erfahrungen, für die innerhalb der traditionellen Kirchen noch immer kein Platz ist. Als Menschen dieser Zeit wollen wir die Fragen und Geschehnisse jedoch verstehen, um ihnen einen Platz geben zu können, sowohl in unserem eigenen Leben als auch in einem größeren Zusammenhang. Die Sehnsucht nach wahren Antworten ist groß. Aber wo kann man sie finden?

2

DAS VERLORENE GEHEIMNIS

Niemals werde ich jenes erste Mal vergessen, als ich selbst solch eine Erfahrung machte. Ich war zu Bett gegangen, hatte ein wenig gelesen und schließlich das Buch weggelegt und das Licht ausgemacht, um zu schlafen. Und dann, völlig unerwartet, hing ich plötzlich direkt unter der Zimmerdecke und blickte von dort aus auf meinen Körper herab, der ruhig, ohne sich zu bewegen, im Bett lag. Ich weiß noch, dass ich sofort begann, fieberhaft nachzudenken, wie dies geschehen konnte und was das bedeutete? Obwohl ich das Licht ausgemacht hatte, konnte ich dennoch meinen Körper im Bett liegen sehen. Offenbar kannst du außerhalb deines Körpers besser sehen, als wenn du in deinem Körper bist. Außerdem merkte ich, dass ich noch immer einen Körper hatte, Arme und Beine, doch dass jener Körper durchsichtig war. Ich konnte ihn selbst kaum erkennen, wohl aber fühlen. Als ich dies feststellte, begann ich über alles nachzudenken, was ich während meines Theologiestudiums gelernt hatte. Dort hatte man mich gelehrt, dass in früheren Zeiten zwar gesagt wurde, dass der Mensch aus einem Leib und einer Seele bestünde, doch dass das eigentlich ein überholter Gedanke sei. Leib und Seele seien schließlich eins, und getrennt voneinander nicht vorstellbar. Eigentlich, so lernte ich damals, konntest du besser all dieses Gerede über eine Seele vergessen. Doch als ich dort unter der Decke hing, durchfuhr es mich, dass jene alte Unterscheidung gar nicht so dumm gewesen war: Ich lebte schließlich in jenem Augenblick außerhalb, beziehungsweise getrennt von meinem Körper. Ich konnte ihn als einen Gegenstand betrachten; und gleichzeitig konnte ich weiterhin denken, mich bewegen und hatte Gefühle und Emotionen. Ein Mensch konnte also offenbar doch getrennt von seinem Körper leben.

Diese (und spätere) Erfahrungen führten mich auf die Suche. Wie verhält es sich eigentlich mit einem Menschen, und wie funktionieren wir, aus was setzen wir uns zusammen? Übrigens machen in unserer Zeit viele Menschen ähnliche außerkörperliche Erfahrungen. Es ist also nichts »Besonderes«. Aber genauso wie es bei mir der Fall war, bringt solch eine außerkörperliche Erfahrung die Menschen, denen sie widerfährt, wohl auf einen neuen Weg. Sie wollen begreifen, was mit ihnen geschah, sie wollen dem in ihrem Leben und in ihrer Sicht auf das Leben einen Platz geben können.

Bei meiner Suche landete ich bei Paulus, dem großen Apostel des Christentums. Paulus sagt, dass ein Mensch aus einem Leib, einer Seele und einem Geist besteht:

Der Gott des Friedens heilige euch ganz und gar und bewahre euren Geist, eure Seele und euren Leib unversehrt, damit ihr ohne Tadel seid, wenn Jesus Christus, unser Herr, kommt.[3]

Paulus sieht den Menschen somit als ein Wesen, das aus drei voneinander zu unterscheidenden Teilen besteht. Nun ist Paulus nicht einfach irgendwer: Er ist ein Mensch, der selbst während seines Lebens regelmäßig außerkörperliche Erfahrungen hatte. Bei außerkörperlichen Erfahrungen ist er »im dritten Himmel« gewesen, das heißt, er durfte bis in die höchsten Lichtwelten aufsteigen. In dem Zitat, das nun folgt, spricht Paulus zwar in der dritten Person, als wenn er über jemand anderen spricht; aber allgemein wird angenommen, dass Paulus hierbei über sich selbst redet und nur Bescheidenheit ihn dazu veranlasste, über die eigene Erfahrung in der dritten Person zu sprechen. Er schreibt:

Ich kenne jemand, einen Diener Christi, der vor vierzehn Jahren bis in den dritten Himmel entrückt wurde; ... Und ich weiß, dass dieser Mensch in das Paradies entrückt wurde; ... Er hörte unsagbare Worte, die ein Mensch nicht aussprechen kann.[4]

Wir wissen von anderen, die solche »Himmelsreisen« machten, dass ihnen bei solchen Reisen durch die geistige Welt kosmische Geheimnisse über das Wesen der Schöpfung und die zukünftige Evolution der Menschheit enthüllt wurden. Wenn Paulus sagt, dass er »bis in den dritten Himmel entrückt wurde«, dann will das besagen, dass er bei seiner Himmelsreise bis in die höchste Lichtwelt aufsteigen durfte und dort in die großen kosmischen Geheimnisse eingeweiht wurde, die nicht allein nicht ausgesprochen werden dürfen, sondern die auch nicht in der einfachen, dreidimensionalen Menschensprache zum Ausdruck gebracht werden können.

Abgesehen davon, dass Paulus diese Himmelsreisen machte (wir dürfen annehmen, dass es nicht bei diesem einen Male geblieben ist), war er auch noch ein Eingeweihter. Bei einem früheren, drei Tage dauernden Aufenthalt im Licht wurde er durch die Engel in die geistigen Geheimnisse eingeweiht, die vor uns Menschen verborgen sind. Es wird nämlich über Saulus berichtet, dass er, unterwegs nach Damaskus, um dort die Christen zu verfolgen, plötzlich von einem hellen, himmlischen Licht umstrahlt wird. Dann hört er, wie Jesus Christus persönlich aus jenem Licht zu ihm spricht, der gestorbene (und laut seinen Jüngern wieder auferstandene) Meister, dessen Anhänger er nun gerade mit Gewalt zum alten Glauben der Väter zurückzuführen trachtet. Danach wurde über Paulus berichtet:

Und er war drei Tage blind und er aß nicht und trank nicht.[5]

Jemand im Nahen Osten, der drei Tage lang nicht trinkt, mit dem muss schon etwas geschehen sein. Denn Trinken ist in diesem warmen Klima eine Lebensnotwendigkeit. Wenn dann auch noch berichtet wird, dass Paulus drei Tage lang blind war, dann beginnt man zu spüren, was hier geschah. Paulus ist in die geistige Welt eingetreten, während sein Körper wie im Koma, scheintot, auf dem Lager liegt. Diese dreieinhalb Tage währende außerkörperliche Erfahrung war in jenen alten Zeiten zwar etwas Besonderes, aber nicht ungewöhnlich. Es war die sechste Einweihung, die Paulus durchmachte. Bei dieser Einweihung reiste er in seinen geistigen Körpern bis weit in die geistige Welt und sammelte Wissen und Erkenntnisse, die ein Mensch hier auf Erden, der an seinen Körper gefesselt ist, nicht finden kann. Es wird in der Bibel an mehreren Stellen über diese Einweihung gesprochen, zum Beispiel symbolisch in der Geschichte über den Propheten Jona, der während drei Tagen im Innern eines Walfisches verbleibt.

Die Erkenntnisse, die Paulus in seinen Briefen in der Bibel weitergibt, sind somit Erkenntnisse, die er als Eingeweihter und durch die Himmelsreisen, die er machte, gesammelt hat. Wenn er über die Zusammensetzung des Menschen spricht, dann tut er dies aufgrund jener Einsichten.

Nun wird diese »Dreigliederung« des Paulus (wonach der Mensch aus drei Teilen oder Gliedern besteht) in der alten esoterischen oder spirituellen Tradition des Christentums zu einer »Viergliederung« ausgeführt. Doch diese »Viergliederung« erweist sich lediglich als eine eingehendere Ausarbeitung der alten Einteilung von Paulus.

Worüber spricht Paulus nun eigentlich und was meint er, wenn er sagt, dass ein Mensch aus einem Leib, einer Seele und einem Geist besteht?

Was Paulus einfach »Leib« nennt, darin macht die esoterische Tradition einen Unterschied zwischen dem »physischen Leib« und dem »Ätherleib«[6]. Unser Körper lebt schließlich dank der göttlichen, kosmischen Energie, die ihn ununterbrochen durchströmt und leben lässt. Würde jene kosmische Energie uns auch nur einen einzigen Moment verlassen, so würde unser Körper tot umfallen. Diese kosmische Energie, beziehungsweise jener Ätherleib, wird in der östlichen Tradition auch »Prana« genannt. In der Bibel wird vom »Atem Gottes« gesprochen. So erzählt die »Genesis« über die Schöpfung von Adam:

Da formte Gott, der Herr, den Menschen aus Erde vom Ackerboden und blies in seine Nase den Lebensatem. So wurde der Mensch zu einem lebendigen Wesen.[7]

Deutlicher kann es eigentlich nicht gesagt werden: Gott schafft den physischen Leib des Menschen und erweckt jenen Leib anschließend zum Leben, indem er ihn mit der kosmischen Energie, dem »Lebensatem«, umhüllt und durchstrahlt. Jener Ätherleib durchdringt den physischen Leib und ragt ein klein wenig über ihn hinaus. Es ist also eigentlich ein zweiter, unsichtbarer Körper (den nur der Hellseher sehen kann).

Was Paulus die »Seele« nennt, wird in der esoterischen Tradition als der »Astralleib« bezeichnet. Das Wort »astral« stammt vom lateinischen Wort »astrum« (Plural: astra), was Stern oder Sternbild bedeutet. Das macht deutlich, dass unsere Seele oder unser Astralleib der Träger der »Sternenkräfte« ist, jener Kräfte, die wir von den verschiedenen Planeten mitbekamen und die unseren Charakter in dieser Inkarnation bestimmen. In gewissem Sinne könnte man sagen, dass unsere Seele oder unser Astralleib die Triebe und Emotionen unseres Egos darstellt, in denen wir uns selbst erleben. Man kann auch sagen, der Astralleib ist der Träger unseres Ichs oder unserer Ich-Kräfte. Auch jener Astralleib durchdringt unseren physischen Leib und ragt über ihn hinaus. (Der Ätherleib und der Astralleib zusammen werden auch als die Aura bezeichnet.) So bildet der Astralleib einen dritten, unsichtbaren Körper.

Was Paulus unseren »Geist« nennt, wird in der esoterischen Tradition das »höhere Selbst« genannt. Man kann auch sagen, dass damit der göttliche Funke angedeutet wird, der in jedem Menschen schlummert. Jener »Geist« oder jenes »Selbst« ist also in diesem Leben auf Erden mit drei Körpern bekleidet: Die erste Hülle ist der Astralleib, dann kommt als zweite Hülle der Ätherleib und als dritte Hülle kommt dann unser physischer Leib. Jene drei Hüllen sorgen dafür, dass unser eigentliches Selbst (oder unser Geist, unser eigentliches geistiges Wesen, der göttliche Kern in uns) nahezu unsichtbar ist und sich gänzlich hinter jenen Hüllen verbirgt. Der verborgene göttliche Kern in uns ist ewig, er kann nicht sterben.

Paulus ist sicherlich über diese »Viergliederung« des Menschen informiert gewesen. Doch diese Ansichten gehörten zur geheimen (Mysterien)-Lehre, über die in jenen alten Zeiten nicht in der Öffentlichkeit gesprochen wurde, sondern nur in der Abgeschlossenheit des Schülerkreises.

Nicht allein Paulus folgte in jenen alten Zeiten dem System der öffentlichen und geheimen Lehren, sondern jeder Meister tat dies früher, selbst Jesus, Buddha und viele andere. Warum taten sie dies? Weil es in den Einweihungs- oder Mysterienschulen, die man in jenen vorchristlichen Jahrhunderten in allen Ländern vorfinden konnte, der Brauch war. Bekannte Einweihungsschulen oder Mysterien-Traditionen gab es in Ägypten, zum Beispiel die von Heliopolis, in Griechenland in Eleusis und Delphi sowie in Italien, wo sich die Schule von Pythagoras befand. Aber auch in Persien, Indien und anderen Teilen der Welt bestanden sie. Jeder, der solche Schulen besuchte, musste geloben, die Kenntnis, die dort gesammelt wurde, absolut geheim zu halten. Auf den Verstoß gegen diese Regel stand die Todesstrafe. Die Geheimhaltung war deshalb so wichtig, weil es bei dieser Einweihungs einerseits um Erkenntnisse ging, die man nur verstehen konnte, wenn man sich einer gewissen Schulung unterzogen hatte; und andererseits, weil es um weitgehende Einsichten in die kosmische Energie ging, wie man damit umgehen und was man damit erreichen konnte. Jene Kenntnis durfte nicht so ohne weiteres jedermann bekannt werden. Man stelle sich vor, dass in unserer Zeit die Kenntnis über so etwas wie die Atomkraft in die Hände von jemandem kommen würde, der von Machtgier besessen ist. Dieser könnte, indem er von jener Kenntnis Gebrauch machen würde, allem Leben auf Erden ein Ende bereiten! Paulus, Jesus, Buddha, sie alle haben an dieser Einweihungstradition teilgenommen und folglich Mysterien-Schulen besucht – und somit den Unterschied zwischen dem allgemeinen Wissen und der geheimen Lehre gekannt. Daher sprach Paulus über die Zusammensetzung des Menschen nach außen hin nur in der vereinfachten Form, der »Dreiteilung«, und dies dann auch noch ohne irgendeine weitere Erläuterung. Eine Erläuterung hätte schließlich von ihm verlangt, dass er die geheime Lehre öffentlich machte, und das wollte – und durfte – er nicht.

Als ich auf jene alten Überlieferungen stieß, fing ich an, etwas mehr von meiner eigenen außerkörperlichen Erfahrung zu verstehen. Als ich dort unter der Decke hing, losgelöst von meinem Körper, war ich nicht tot. Ich konnte ganz einfach wieder in meinen Körper zurückkehren. Das kam dadurch, dass meine geistigen Körper (der Ätherleib und der Astralleib) und mein »höheres Selbst« meinen physischen Leib zwar verlassen hatten, wohl aber durch eine silberne Schnur damit verbunden blieben. Jene »silberne Schnur« wird auch in der Bibel genannt; der Tod tritt erst ein, wenn die Silberschnur gelöst oder durchtrennt wird: »*... ja, ehe die silberne Schnur zerreißt, ... der Staub auf die Erde zurückfällt als das, was er war, und der Atem zu Gott zurückkehrt, der ihn gegeben hat.*«[8]

Auch die Tatsache, dass jene Information dort ohne nähere Erläuterung steht, macht deutlich, dass diese Kenntnis zu den geheimen Lehren gehörte, die allein für diejenigen zu verstehen war, »die Ohren hatten, um zu hören« – die Eingeweihten.

Paulus und die spirituellen Christen aus den ersten Jahrhunderten wussten noch um diese Zusammensetzung des Menschen und kannten die geheimen Lehren. Im dritten und vierten Jahrhundert wurde das spirituelle Christentum jedoch von den mehr staats-kirchlich orientierten Christen zur Ketzerei erklärt, verboten und ausgerottet. Die spirituellen, gnostischen Schriften, in denen viel von jener alten, geheimen Lehre bewahrt geblieben war, wurden ebenfalls verboten und radikal vernichtet. Von dieser Zeit an wurde jene Lehre nur noch im Geheimen weitergegeben, zum Beispiel durch die Anhänger von Mani, durch die Waldenser, die Katharer und später durch die Theosophen und die Anthroposophen. Jahrhundertelang wussten die Menschen fast nichts mehr von dieser spirituellen Tradition und dieser geheimen Lehre, außer denjenigen, die zu den genannten Traditionen gehörten. Erst als 1945, bei Nag Hammadi in Ägypten, die alten gnostischen Schriften wieder gefunden wurden, gelangten jene geheimen Überlieferungen wieder ins Licht der Öffentlichkeit zurück.

Mit der gründlichen Vernichtung der gnostischen Schriften im dritten und vierten Jahrhundert verschwand auch jene alte Kenntnis über die Zusammensetzung des Menschen. Und folglich begriff man in späteren Jahrhunderten nicht mehr, was Paulus gemeint hatte, als er sagte, dass ein Mensch aus einem Leib, einer Seele und einem Geist besteht.

So konnte es geschehen, dass auf dem Konzil von Konstantinopel, im Jahre 869, festgelegt wurde, dass der Mensch nicht aus einem Leib, einer Seele und einem Geist bestehe, sondern lediglich aus einem Leib und einer Seele. So wurde in jenem Jahr der eigentliche, göttliche Kern des Menschen, der Geist (oder das höhere Selbst), gestrichen. Der Beschluss dieses Konzils zeigt, dass man im neunten Jahrhundert keinerlei Einsicht mehr hatte in die geheime Lehre, über die Paulus verfügte und die in seiner Beschreibung des Menschen als »dreiteiliges Wesen« durchklang. Der Beschluss dieses Konzils war auch ein totaler Bruch mit den Lehren von Paulus! Zudem war es ein verhängnisvoller Beschluss. Denn wenn man nicht mehr weiß, wie sich der Mensch zusammensetzt, dann kann man auch nichts mehr vom Weg des Menschen jenseits des Todes verstehen. Beim Tode wird schließlich die Silberschnur gelöst und die dritte Hülle, der physischen Leib, wird zurückgelassen. Wir gehen dann als ein geistiges Wesen, lediglich noch in einen Astral- und einen Ätherleib gehüllt, in die geistige Welt ein und beginnen dort ein neues Leben, ein Leben in der geistigen Sphäre. Schon im Jahre 869 setzte also die Entwicklung ein, bei der im Christentum jedes Wissen darüber verloren ging, was der Tod ist und was mit einem Menschen geschieht, der durch die Pforte des Todes schreitet!

Verlor der Mensch also im neunten Jahrhundert »den Geist«, so verlor er zu späterer Zeit auch noch seine Seele. Im vorigen Jahrhundert war es der Philosoph Nietzsche, der aussprach, dass die Seele eigentlich ein zu vernachlässigender Teil des Menschen sei: »Der Körper ist voller Feuer, lasst uns die Seele da raushalten.« Auch schrieb er: »Seele ist lediglich ein Wort für eine Kleinigkeit am Körper.«[9]

Auffallend an diesen Zitaten ist, dass die Seele von Nietzsche als etwas Leibliches gesehen wird, und damit als etwas Sterbliches. Er sieht den Menschen im Grunde als bloßen Körper. Wir erkennen also, dass sich im Laufe der Jahrhunderte eine Entwicklung vollzog, bei der der Mensch mehr und mehr zu einem bloßen Körper reduziert wurde. Wurde der Mensch im neunten Jahrhundert (durch das erwähnte Konzil) seines Geistes beraubt, so wurde der Mensch im neunzehnten und zwanzigsten Jahrhundert (durch die Wissenschaft) auch noch seiner Seele beraubt.

Nietzsche brachte im vorigen Jahrhundert damit lediglich zum Ausdruck, was stets mehr Menschen zu denken begonnen und wie sie den Menschen zu sehen angefangen hatten. Diese Sicht, die den Menschen auf den Körper reduziert, ist selbst bis in die Kirchen durchgedrungen. Der Studentenprediger Krop aus Groningen sagte in den siebziger Jahren laut vor Radio und Fernsehen, was viele auch in den Kirchen dachten. Was er sagte, läuft darauf hinaus: »Tot ist tot, und wir müssen nun endlich aufhören, einander mit Geschichten über einen Himmel (und eine Hölle) abzuspeisen. Es gibt überhaupt kein Leben nach dem Tode: Wenn der Mensch stirbt, dann hört das Leben endgültig auf.« Das ist die Konsequenz, wenn man den Menschen nur als Körper betrachtet; dann muss man schließlich feststellen, dass mit dem Tod des Körpers auch das definitive Ende des Menschen angebrochen ist. In dieser Ansicht von Krop erkennen wir die Sichtweise von Pastor Ter Linden, über den im vorigen Kapitel berichtet wurde.

Diese Entwicklung ist schon tragisch: Die Kirche, so viele Jahrhunderte lang die Institution, die dem Menschen einen Einblick gab in die vielen Fragen über Leben und Tod, hatte nun selbst jede sinnvolle Antwort auf die Frage nach dem Tode verloren und konnte den Menschen, die nach einer Antwort suchten, in keiner Weise mehr behilflich sein. Es ist dieser Verlust, der uns im vorigen Kapitel dazu brachte, über »die Tragik des kirchlichen Christentums in unserer Zeit« zu sprechen!

Der Verlust des Wissens über die Zusammensetzung des Menschen, ein Wissen, das Paulus und die spirituellen Christen aus den ersten Jahrhunderten noch besaßen, führte schließlich zu jener absoluten Unfähigkeit der Kirchen in unserer Zeit, noch eine sinnvolle Antwort auf die Frage bezüglich eines Lebens nach dem Tode zu geben.

3

DIE GEISTIGE WELT ÖFFNET SICH

In unserer Zeit machen immer mehr Menschen Erfahrungen auf geistigem Gebiet. Dies betrifft nicht nur außerkörperliche Erfahrungen, wie sie im vorigen Kapitel beschrieben wurden, sondern vor allem auch Erlebnisse über das Sterben und den Tod. Auch berichten Menschen über Erfahrungen mit Reisen in die geistige Welt oder die Himmelswelt, nicht nur als Folge einer Nah-Tod-Erfahrung. Für unser Thema ist es wichtig, sich mit diesen Erlebnissen auf der 'anderen Seite' zu beschäftigen.

Nachstehend folgen drei persönliche Erfahrungsberichte – eine Nah-Tod-Erfahrung, eine Reise durch die geistige Welt als Folge einer Nah-Tod-Erfahrung und schließlich eine Reise durch die Himmelswelt, die spontan geschah.

Die Nah-Tod-Erfahrung

Bo Katzmann wohnt in der Schweiz und ist Leiter eines erfolgreichen Chors. In einem Interview in einer Schweizer Zeitung erzählte er, dass er im Alter von einundzwanzig Jahren einen schweren Motorradunfall hatte. Er wurde ins Krankenhaus gebracht und operiert. Während die Operation im Gange war, machte er eine Nah-Tod-Erfahrung. Im Interview erzählte er Folgendes:

»Während der Operation nach dem Unfall hörte ich den Arzt sagen: »Sein Herz schlägt nicht mehr. Bring bitte sofort den Elektroschock-Apparat!« Dabei erkannte ich, dass ich unter der Decke des Raumes schwebte und mein Körper auf dem Operationstisch lag. Die Gedanken der anwesenden Personen nahm ich wie ein lautes Gespräch wahr. Ich schwebte hinunter, wollte den Arzt beim Arm packen und ihn darauf aufmerksam machen, dass er aufhören könne, denn ich sei schließlich tot. Zu meinem Erstaunen ging mein Arm durch seinen Körper hindurch und er hörte mich überhaupt nicht.«

Hatte er da ein beklemmendes Gefühl oder war er ängstlich?

Katzmann: »Ganz und gar nicht. Ich befand mich in einem Zustand der Ergebung und erachtete all die Aufregung über meinen leblosen Körper als nicht notwendig. Es war auch ein unbeschreibliches Gefühl, nicht mehr in jenem begrenzenden, engen Körper gefangen zu sein. Von einer Kraft angezogen, schwebte ich aus dem Raum und bemerkte, dass ich mich in einer Art Weltenraum befand, der in einen Nebel eingebettet war. In diesem 'Nebel' war alles Wissen anwesend, und ich als Geistwesen – denn das war ich – machte einen Teil von dieser 'Allwissenheit' aus. Dort hatte man die Antworten auf alle Fragen parat, die es gab. Die Einsicht in all dieses Wissen erfuhr ich wie eine Explosion in meinem Inneren. Aber das war nichts verglichen mit dem Licht, das ich sah.«

Der Journalist: »Was war das für ein Licht?«

»Licht war es eigentlich erst an zweiter Stelle, an erster Stelle war es Liebe. Liebe, die so stark war, dass sie nur strahlen konnte, eine ganz persönliche Liebe, die mich umhüllte und zu sich hin zog. Dabei sah ich die Quelle jenes Lichtes nicht, lediglich eine Andeutung davon, doch das allein konnte ich schon kaum ertragen.«

Der Journalist: »Die Ärzte holten dich wieder zurück ins Leben. Wie war das für dich?«

Katzmann: »Mitten in jener Anziehung zum Licht wurde ich zurückgehalten und wusste, dass ich zurück musste, dass mich noch etwas erwartete, eine Aufgabe, die ich noch erfüllen musste. Drei

Wochen lang wurde ich auf der Intensivstation an eine Lebenserhaltungsmaschine angeschlossen, die mich ernährte und beatmete. Als ich nach vier Monaten das Krankenhaus verlassen konnte, erfuhr ich das Weiterleben als sehr schwer. Ich habe eine lange Zeit benötigt, ehe ich meinen Lebenswillen und Lebensmut wieder hatte. Im Nachhinein gesehen, erachte ich jedoch alles, was damals geschah, als eine Gnade.«

Auf die Frage, ob er angefangen habe, anders über das Leben und den Tod zu denken, antwortete er: »Sicher. Heute lebe ich wieder gerne. Ich habe erfahren, dass der Tod eine Geburt ist und das wirkliche Leben erst nach dem Erdenleben beginnt.«[10]

Ein weiterer Blick in die geistige Welt

Auch George Ritchie wurde eine Nah-Tod-Erfahrung zuteil. Er berichtet darüber in seinem Buch *Terugkeer uit de Dood*[11]. Kurz nachdem er infolge einer schweren Lungenkrankheit »gestorben« ist, begegnet er in seinem Krankenzimmer einer strahlenden Lichtgestalt, die er Jesus nennt. Umhüllt von dessen Licht und Liebe blickt er zunächst auf sein vergangenes Leben zurück. Das Besondere ist, dass Jesus ihn anschließend mitnimmt und ihm verschiedene Regionen der geistigen Welt zeigt. Er mahnt Ritchie, den Blick auf ihn gerichtet zu halten. Dann beginnt eine außergewöhnliche Reise. Ritchie berichtet:

»Dies glich in nichts der außerkörperlichen Erfahrung, die ich zuvor erlebt hatte. Während jener Erfahrung war ich von meinen eigenen Gedanken besessen. Nun befanden wir uns viel höher und bewegten uns viel schneller fort; und da ich jetzt meinen Blick auf Ihn gerichtet hielt und mich von Ihm führen ließ, erschien mir diese Art der Fortbewegung nicht länger fremd oder beunruhigend.«[12]

Als Erstes besuchen sie eine Anzahl Städte auf der Erde, größere und kleinere. Ritchie nimmt Fabriken wahr, belebte Straßen, Häuser und Menschen, die laufen, arbeiten, trinken oder rauchen. Zu seiner Verwunderung sieht er, dass zwischen diesen Menschen andere Menschen gehen und sich bewegen; welche die Ersten etwas fragen oder ihnen etwas sagen wollen, doch die von ihnen weder gehört noch bemerkt werden. Ja, die selbst überhaupt nicht gesehen werden. Auf einmal ist sich Ritchie bewusst, dass jene Menschen tot sind, genau wie er selbst. Manche von ihnen versuchen, sich einer Zigarette oder eines Getränks zu bemächtigen, doch es gelingt ihnen nicht, da ihre Hände durch alles hindurchgehen. Andere laufen Lebenden hinterher und versuchen, ihnen etwas zu sagen. So fängt er Ratschläge auf über Geschäfte, Ermahnungen, auf die Gesundheit zu achten, aber auch Ausdrücke des Bedauerns für den Kummer, der einem anderen bereitet wurde. Nach und nach wird ihm klar, dass die Welt, wo diese Gestorbenen verbleiben, kein Ort weit weg von der Erde ist, sondern er sich in der Wirklichkeit der Erde befindet, ja selbst *im* alltäglichen Leben!

Ihm wird noch mehr gezeigt. Er sieht, dass es Gestorbene gibt, die sich nach wie vor mit ihren Begierden an der stofflichen Welt festklammern. Auch sieht er Gestorbene, die in ihren eigenen Emotionen und Denkgewohnheiten gefangen sind, in ihrem eigenen Hass oder ihren destruktiven oder perversen Gedanken.

Ritchie folgert daraus, dass sich der Tod himmelweit von den Vorstellungen unterscheidet, die er sich früher darüber gemacht hatte. Nach und nach fällt ihm noch mehr auf. Es zeigt sich, dass sich mitten zwischen all den in ihre Aktivitäten verstrickten Menschen, die noch 'normal' auf Erden leben, und jenen Menschen, die gestorben sind, noch andere Wesen befinden. Große, strahlende Wesen, die sich voller Erbarmen sowohl über Lebende als auch über Gestorbene beugen und sie trösten und ermutigen. Engel!

Ritchie: »Jetzt, da ich mir dieser strahlenden Wesen einmal bewusst geworden war, erkannte ich mit Schrecken, dass ich sie zwar vom ersten Moment an gesehen, sie bis dahin aber nicht bewusst wahrgenommen hatte.«[13]

Auch in den Städten und Dörfern, die sie besucht hatten, waren zahllose Engel im Einsatz gewesen. Sie waren in den Straßen und Fabriken zu sehen, in Häusern und selbst in Kneipen. Doch es gab niemanden, der sie wahrnahm.

Die Reise geht weiter. Nun wieder zu einer anderen Region. Jene andere Region öffnet sich, indem Ritchie durch die vorige Welt hindurch eine neue erkennt. In jener neuen Region kommt er mit der Lichtgestalt, Jesus, in eine Sphäre tiefsinniger Gedanken und Lehren, eine Art »geistige Universität«, wo Erfindungen gemacht werden, die sein Auffassungsvermögen weit übersteigen. Die Menschen, die dort wirken – er weiß nicht, ob es Männer oder Frauen sind – scheinen von einer Idee erfüllt zu sein, die größer und wichtiger ist als sie selbst. Es herrscht eine Atmosphäre der Erregung, die entsteht, wenn große Entdeckungen gemacht werden.

Ritchie: »Was diese Wesen auch sein mochten, sie erweckten jedenfalls den Eindruck, dass sie sich selbst in jeder Hinsicht vergessen hatten – so wie sie von einer Idee erfüllt waren, die größer und wichtiger war als sie selbst.«[14]

Die Reise geht noch weiter, die Erde zurücklassend.

»Nun befanden wir uns in einer unermesslichen Leere, einem Nichts. Diese Leere schien von einer Art Verheißung zu vibrieren, die ich nicht näher bezeichnen konnte.« Dann sieht er, unendlich weit weg… eine Stadt. »Eine strahlende, scheinbar unendliche Stadt, die so hell war, dass sie trotz der unvorstellbaren Distanz, die wir davon entfernt waren, sichtbar war. Die ganze Stadt und alles, was sich darin befand, schien aus Licht zu bestehen, wie die Gestalt an meiner Seite.«

Voller Ehrfurcht fragt Ritchie sich, wie es möglich ist, dass jedes Gebäude und jeder Einwohner so hell strahlen kann, dass es auf eine Entfernung von vielen Lichtjahren sichtbar ist. Während er sich dies fragt … »sah ich, wie sich zwei dieser strahlenden Wesen aus der Stadt lösten und sich uns zu nähern begannen, wobei sie jene unendliche Entfernung mit der Geschwindigkeit des Lichtes selbst zu überbrücken schienen.«[15]

Dann aber ziehen sich Jesus und er zurück. Der Abstand zur Stadt und den beiden Wesen wird größer und größer. Und die Vision verschwimmt.

Ritchie: »Obwohl ich über diesen Verlust einen Ausruf der Enttäuschung von mir gab, wusste ich, dass mein mangelhaftes Sehvermögen nicht imstande war, mehr als einen kurzen Schein von der Wirklichkeit dieses höchsten Himmels aufzufangen.«[16]

Das Lichtwesen hat ihn nun alles sehen lassen und ihm erläutert, wofür er reif war. Dann schließen ihn Wände ein und er kommt wieder in sein Zimmer ins Krankenhaus zurück.

Eine Reise durch die Himmelswelt

In seinem Buch *Das Heilige Jahr*[17] beschreibt Friedrich Rittelmeyer, dass er an einem Himmelfahrtstag morgens wach wurde und dann eine leise Stimme sprechen hörte. Die Stimme fragte: »Willst du den Himmel sehen?«

Es zeigt sich, dass hinter ihm ein Engel steht. Rittelmeyer: »Er schien größer als ich und ganz aus Licht zu sein. Es war, als nahm er mein ganzes Wesen in sich auf. Lichter Frieden – auf eine andere Art und Weise kann man sein Wesen nicht beschreiben.«

Dann erklärt Rittelmeyer auf feinfühlige Weise, wie der Kontakt zwischen dem Engel und ihm verlief. »Wenn der Engel sprach«, so erzählt er, »merktest du zunächst nur, dass er etwas sagen wollte. Du musstest dann innerlich ganz still werden und lauschen.

Offenbarte er dir etwas, dann musstest du das mit deinem eigenen Wesen, und nicht allein mit deinem Denken, auffangen und selbst von innen heraus mit-schaffend in Worte kleiden. Erst wenn deine Seele zu einem stillen Spiegel geworden war, kamen die Worte klar heraus, genau wie das Bild der Sonne in einem ruhig gewordenen Meer.«

Auf die Frage des Engels, ob er den Himmel sehen wolle, gibt sich Rittelmeyer ihm mit seinem ganzen Wesen hin. Rittelmeyer: »Langsam füllte sich die Seele mit einer feinen Geistigkeit. Stets tiefer wurde der Geist in der Welt der Seele wach. Es war, als füllte sich der Seelenraum mit unsichtbarem Licht, das voller Liebe und Leben war. ...« Es schien ihm, als strahlte jenes Licht durch den Engel selbst hindurch. Es war allein zu ertragen, indem er innerlich stets »ja« dazu sagte.

Er fühlte, dass er Fragen stellen musste: »Wo sind die Gestorbenen?« Sobald er diese Worte im Geiste ausgesprochen hat, ist er in der Welt, wo die Verstorbenen verbleiben. Er sieht niemanden, hört jedoch Stimmen und erlebt eine bewegende Fülle menschlicher Gefühle aller Art. Wieder fühlt er, dass er fragen muss: »Wo ist meine Mutter?« In dem Moment ist sie da. Ganz in der Nähe, als ob sie schon lange gewartet hätte. Als Rittelmeyer sich auf ihr Wesen einstellt und lauscht, sagt sie: »Ich habe dich viel öfter begleitet, als du weißt. Warum hast du nicht mehr an mich gedacht? Meine innige Liebe war ein Stück Himmel, das für dich da war.« Und er spürt die Wärme, womit ihre Liebe ihn umhüllt. Er begegnet außer seiner Mutter noch anderen Gestorbenen, die er auf Erden gekannt hat. Auch bittet er, Gestorbene sehen zu dürfen, die sich noch nicht im Licht befinden.

Dann fragt er: »Die Welt der Engel?« Welten öffnen sich – unendliche Scharen! Erst jetzt versteht er, warum immer gesagt wird, dass Engel singen. Er entdeckt: »Sie singen nicht, sie klingen.« Das kommt daher, weil ihr Wesen klingt. Aus ihrer Seele klingt unaufhörlich Dank zum Schöpfer hinauf. Das ist also der ewige Lobgesang der Engel! Ein mehr als tausendstimmiges Jubeln, stets wechselnd und immer gegenwärtig, nicht für Erdenohren hörbar und dennoch alle Himmel erfüllend. Zu den ewigen Werken Gottes aufblickend, erschauen sie unermessliche Dinge, die uns Menschen noch verhüllt bleiben, während in ihrem Inneren stets neue Offenbarungen aus der Welt des Göttlichen aufgehen.

»Was darf ich von Christus sehen?« Als das Wort »Christus« erklingt, ist es, als wenn der ganze Himmel singen würde. Alles glänzt und funkelt in Freude über die Taten, die er auf Erden vollbrachte. Die Freude darüber wird für Rittelmeyer so fühlbar, dass es ihm scheint, als ob die Engel *in* ihm jubelten. Dann erfährt er, dass irgendwoher – aus der einen oder anderen verborgenen Quelle – eine heilende Kraft strömt. Eine Heilung bringende Kraft, die so stark und so rein ist, dass er spürt, wie er bis in seinen Körper hinein gereinigt wird. Gleichzeitig erfährt er eine Seligkeit schenkende göttliche Güte. Jene Kraft ist so göttlich, dass er unwillkürlich zu sich selbst sagt: »Das können die Menschen noch nicht begreifen und noch nicht ertragen! Sie müssen noch jahrhunderte- und jahrtausendelang durch die Verkündung Christi erzogen werden, ehe diese wunderbare Güte in ihnen leben kann! Dann aber wohnt Christus in ihnen!«

Auf seiner Reise durch die Himmelswelt begegnet Rittelmeyer nicht allein Wesen, die Gutes mit den Menschen vorhaben. Er bekommt auch die geistigen Gegner Christi zu sehen – den großen Versucher und den Teufel. Er erzählt: »Da stand – als eine mächtige Gestalt – der große Versucher persönlich vor mir.« In Rittelmeyer kommen die Worte auf: »Dies alles will ich dir geben, wenn du niederfällst und mich anbetest.« Rittelmeyer: »So spricht er wirklich, wenn man ihn sieht. So hat er nicht allein zu Christus gesprochen, sondern im Grunde schon zu Adam.«

Dann steigt aus der Tiefe wiederum ein anderes Reich auf, mit einem Wesen von einer alles durchdringenden Intellektualität darin. Einer Intellektualität, in der alles irdische Denken wohnt, doch die den Himmel ausschließt. Der Teufel? Ja, aber ganz anders, als wir ihn uns auf Erden vorstellen. Ein Fürst, ein Herrscher, der davon überzeugt ist, dass er die Menschen bereits in seinem Besitz hat. Rittelmeyer schaut zu dem Engel und sieht, wie dieser leidet. In seinem Herzen kommt der Name »Christus« auf. Im selben Augenblick, da er dies denkt, schrumpft die Welt um ihn herum zusammen und verschwindet. Den Namen »Christus« kann man in jenen finsteren Regionen nicht vertragen. Einmal zurück in seinem Körper, begreift Rittelmeyer, was sein Auftrag auf Erden ist. »Darf ich über meine Erfahrungen berichten?«, fragt er noch zum Himmel empor. »Was dem Menschen gegeben ist, ist ihm nicht allein für sich selbst gegeben«, antwortet der Engel. Dann schließen sich die Türen der Himmelswelten langsam wieder. Rittelmeyer ist zurück auf Erden.

Die Folgen dieser geistigen Erfahrungen

Dies waren drei Erfahrungen, die Menschen »auf der anderen Seite« machten. Ganz verschieden von der Atmosphäre her, aber dennoch stark miteinander übereinstimmend. Es wird deutlich, wie für jeden von ihnen von dem Moment an unumstößlich feststeht, dass es eine geistige Welt oder einen Himmel gibt. Nichts oder niemand wird sie davon abbringen können. Wahrscheinlich gilt dies für jeden Menschen, dem eine solche Erfahrung zuteil wurde.

Eine Frau, die eine Nah-Tod-Erfahrung durchlebte, berichtet darüber:

«Mein Leben hat sich seitdem verändert, es ist viel reicher geworden. Nach dem Krieg war ich, auch schon durch das, was mir über alle Grauen der Bombardements und der Vernichtungslager zu Ohren gekommen war, Humanist geworden. Die Existenz eines Gottes konnte ich schwerlich annehmen. Aber nach dieser Nah-Tod-Erfahrung *glaube* ich nicht, dass es ein Jenseits gibt, *ich weiß es sicher*. Auch wenn es niemals zu beweisen ist, dass eine Nah-Tod-Erfahrung einer Todeserfahrung gleichkommt, für mich steht dies fest. Ich habe wirklich hinter den Schleier schauen dürfen. Ich habe es als eine enorme Bereicherung empfunden, dass Tod also nicht tot bedeutet.«[18]

Nach einer solchen Erfahrung haben die meisten Menschen nicht nur die Angst vor dem Tod verloren, sie haben sich auch innerlich verändert. Einmal berührt von der geistigen Welt, führt jene Berührung dazu, dass sie ein anderer, besserer Mensch werden. Es entsteht mehr Interesse für spirituelle Dinge, es kommt ein größeres Interesse für andere Menschen und für die Schönheit der Schöpfung auf. Auch will man irgendwie einen Beitrag zu einer besseren Welt leisten. Eine andere Frau erzählte ebenfalls über ihre veränderte Einstellung zum Leben:

»... seit meiner 'Todes'-Erfahrung habe ich angefangen, mich zu fragen, ob ich die Dinge, die ich getan hatte, nur tat, weil sie gut waren oder weil sie gut für mich waren. Davor reagierte ich impulsiv, nun denke ich erst gut und lange über die Dinge nach. Alles scheint zunächst von meinem Geist aufgenommen und verdaut werden zu müssen. Ich trachte danach, Dinge zu tun, die mehr Bedeutung haben, und dadurch fühle ich mich in meinem Geist und in meiner Seele besser. Und ich versuche Menschen gegenüber nicht voreingenommen zu sein. Ich will Dinge tun, weil sie gut sind, nicht weil sie gut für mich sind. Und jetzt verstehe ich alles auch viel besser.«[19]

Wenn du Menschen mit solchen Erfahrungen fragst, ob sie selbst wissen, warum ihnen diese zuteil wurden, und warum sie Welten zu sehen bekamen, die für die meisten Menschen verborgen bleiben, so antworten sie, dass dieses notwendig war, um den Menschen auf Erden wieder die Tatsache bewusst zu machen, dass eine geistige oder Himmelswelt existiert und es ein Leben nach dem Tode gibt.

Es liegt auf der Hand, dass auch die Wissenschaft immer weniger an dieser Art von Erfahrungen vorbei kommen wird.

4

SCHAUEN BIS HINTER DIE GRENZE

Als Jesus im Alter von dreißig Jahren im Jordan getauft wurde, fand er die Erleuchtung. Der göttliche Geist, der Christus-Geist, sank auf ihn herab und erfüllte und erleuchtete ihn. Seit jener Zeit wurde er Jesus Christus genannt, weil der göttliche Geist durch ihn und aus ihm sprach.

Siddhartha Gautama fand die Erleuchtung fünf Jahrhunderte eher, unter einem Feigenbaum sitzend. Von dem Moment an wurde er der Buddha genannt, der Erwachte.

Sowohl der Buddha als auch Jesus Christus wussten, dass jene Erleuchtung allein erreicht werden kann, indem du dich mit deinem ganzen Wesen für Reinheit, Liebe, Unbefangenheit, welche die Angst hinter sich gelassen hat, und für eine unablässige Ausrichtung auf Gott einsetzt. Sie wussten, dass das Streben nach Erleuchtung wie das Gehen eines Weges war: Der Weg der Reinigung; ein Weg, auf dem der göttliche Geist in uns ans Licht kommen kann und in uns zu sprechen beginnt. Ein Weg, auf dem unser Ego vollständig in den Dienst jenes göttlichen Geistes gestellt wird.

Als Jesus der Christus wurde, der Erleuchtete, stand er erneut am Anfang eines Weges – jenes Weges, auf dem der göttliche Geist ihn mehr und mehr erfüllen würde, bis er wahrhaft der Christus geworden war. Erst als er starb, am Kreuz, war jene Umformung vollendet und Jesus der vergöttlichte Mensch geworden, ein Mensch, wie Gott ihn beabsichtigt hatte – der Christus. Ein Mensch, der auch wir einst – in ferner, ferner Zukunft – werden sollen. Der Christus-Geist ist bis auf die Erde hinabgestiegen und hat sich in Jesus verkörpert, um ihn zum Christus zu machen. Und in seiner Nachfolge werden auch wir einst zum Christus werden dürfen: Der Christus-Geist ist Mensch geworden, auf dass der Mensch zum Christus werde.

Sowohl Buddha als auch Jesus Christus sprechen immer wieder über den Weg, auf dem sich die Christus-Werdung des Menschen vollziehen wird. Denn das Leben auf Erden ist das Gehen eines Weges, und es geht darum, *wie* wir jenen Weg gehen. Was suchen wir in diesem Leben? Was wollen wir erreichen? Der Buddha und Jesus Christus wollen uns helfen, die richtigen Entscheidungen zu treffen, den richtigen Weg zu gehen.

Mit diesen wenigen Worten sagen wir sehr viel. Vielleicht schon zu viel, um es auf einmal zu erfassen.[20] Wir tun dies ganz bewusst, denn wir wollen gern in ein paar Worten deutlich machen, dass Jesus, der Christus, (genau wie Buddha) ein Mensch war, in dem alle menschlichen Möglichkeiten zur Entfaltung gelangt sind, die in uns noch verborgen liegen. Eine dieser Möglichkeiten, die in Jesus Christus zur vollen Entfaltung gelangten, war sein Vermögen, unbegrenzt die geistige(n) Welt(en) zu schauen. Er sah nicht allein alles, was wir hier auf Erden sehen, sondern er sah gleichzeitig, was sich in der geistigen Welt abspielte. Er war ein Seher in einem Maße, wie wir uns das eigentlich nicht einmal vorstellen können. So ist es leicht verständlich, dass es für Jesus ganz natürlich war, dem Weg der Menschen zu folgen, die durch den Tod hinübergegangen waren. Er konnte ihnen auf ihrem weiteren Lebensweg durch die geistige Welt folgen. Das ist uns kaum oder nicht vergönnt, und es gibt nur einzelne Hellseher in unserer Zeit, die über dieses Vermögen, auf einem viel niedrigeren Niveau, verfügen.

Doch es war für Jesus sehr schwer, anderen zu sagen, was er dort, in der geistigen Welt, schauen konnte, und was er von dem

Weg der Menschen, die durch den Tod hinübergegangen waren, sehen konnte. Seine Zeitgenossen würden es einfach nicht verstanden haben, dass Jesus so unmittelbar aus eigener Wahrnehmung sprechen konnte. Darum wählte Jesus, wenn er in der Öffentlichkeit doch etwas darüber erzählen wollte, die Form einer Geschichte. Die Geschichtsform bewirkte, dass die Menschen sich mit dem beschäftigten, was er ihnen besonders deutlich machen wollte. Dadurch blieben sie nicht in einer sinnlosen Diskussion stecken, ob es wohl wahr sei, was Jesus meinte, aus eigener Wahrnehmung weitergeben zu dürfen. Die Eingeweihten wussten zudem, dass Jesus bis in die höheren geistigen Welten schauen konnte, und sie begriffen sehr wohl, dass Jesus nicht nur eine Geschichte erzählte, sondern aus eigener Wahrnehmung sprach. Solch eine Geschichte, die Jesus über das erzählte, was er in der geistigen Welt erschaute, handelte von zwei Menschen – einem armen und einem reichen Mann. Beide starben. In seiner Geschichte erzählte Jesus, wie es mit ihnen weiterging, als sie einmal den Fluss des Todes überquert hatten. Die Geschichte lautet wie folgt:

Es war einmal ein reicher Mann, der sich in Purpur und feines Leinen kleidete und Tag für Tag herrlich und in Freuden lebte. Vor der Tür des Reichen aber lag ein armer Mann namens Lazarus, dessen Leib voller Geschwüre war. Er hätte gern seinen Hunger mit dem gestillt, was vom Tisch des Reichen herunterfiel. Statt dessen kamen die Hunde und leckten an seinen Geschwüren. Als nun der Arme starb, wurde er von den Engeln in Abrahams Schoß getragen. Auch der Reiche starb und wurde begraben. In der Unterwelt, wo er qualvolle Schmerzen litt, blickte er auf und sah von weitem Abraham, und Lazarus in seinem Schoß. Da rief er: Vater Abraham, hab Erbarmen mit mir und schicke Lazarus zu mir; er soll wenigstens die Spitze seines Fingers ins Wasser tauchen und mir die Zunge kühlen, denn ich leide große Qual in diesem Feuer. Abraham erwiderte: Mein Kind, denke daran, dass du schon zu Lebzeiten deinen Anteil am Guten erhalten hast, Lazarus aber nur Schlechtes. Jetzt wird er dafür getröstet, du aber musst leiden. Außerdem ist zwischen uns und euch ein tiefer, unüberwindlicher Abgrund, sodass niemand von hier zu euch oder von dort zu uns kommen kann, selbst wenn er wollte. Da sagte der Reiche: Dann bitte ich dich, Vater, schicke ihn in das Haus meines Vaters! Denn ich habe noch fünf Brüder. Er soll sie warnen, damit nicht auch sie an diesen Ort der Qual kommen. Abraham aber sagte: Sie haben Moses und die Propheten, auf die sollen sie hören. Er erwiderte: Nein, Vater Abraham, nur wenn einer von den Toten zu ihnen kommt, werden sie umkehren. Darauf sagte Abraham: Wenn sie auf Moses und die Propheten nicht hören, werden sie sich auch nicht überzeugen lassen, wenn einer von den Toten aufersteht.[21]

Eine faszinierende Geschichte! Denn wenn es uns gelingt, durch die Geschichtsform hindurch dem zu lauschen, was Jesus hier über das Leben jenseits des Todes erzählt, so bekommen wir – aus erster Hand – in dieser kurzen Geschichte unglaublich viel über jene »andere Welt« zu hören, über das Leben in der geistigen Welt, das mit unserem Tod beginnt.

Die Schilderung des irdischen Lebens dieser beiden Männer ist treffend – und zwanzig Jahrhunderte später, in unserer Zeit, kannst du es so um dich herum erkennen. Der reiche Mann liebt den Besitz, den Reichtum, die Macht und ein herrliches, verschwenderisches Leben. *Dafür* lebt er. Seine Aktien sind mindestens so wichtig wie seine Kinder, wenn nicht wichtiger. Seine größte Untugend ist Speis und Trank. Er ist süchtig danach geworden.

Der arme Mann, Lazarus, ist ausgemergelt vor Hunger; er hat die Krätze und ist voller Geschwüre. Jeden Tag findest du ihn beim Eingang vom Haus des reichen Mannes. Er hofft, dass etwas von all dem Essen, das dort drinnen hoch aufgetürmt auf den Tischen liegt, herunterfällt und ihm zugeworfen wird. Jeden Tag aufs Neue wartet und hofft er. Meistens vergebens. Der reiche Mann wird den armen Lazarus bestimmt schon einmal gesehen haben, direkt bei seiner Vordertür. Aber er läuft jedes Mal hastig und mit zugekniffener Nase an ihm vorbei. Er verwendet keine Gedanken daran, etwas von seinem Reichtum zu gebrauchen, um im erbärmlichen Los des Lazarus eine Wende herbeizuführen.

Der arme Lazarus lernt auf eine rohe Art und Weise, dass du von Menschen keine Hilfe zu erwarten hast, sie sind nur mit sich selbst beschäftigt. Aber gerade darum wächst etwas anderes in ihm – eine stille Ergebung in Gott. Wenn von den Menschen keine Hilfe kommt, dann ist der Einzige, auf den du noch hoffen kannst, Gott selbst. Ein Schrei um Hilfe steigt in seinem Herzen auf. Und manchmal, manchmal kommt eine Antwort auf diesen Schrei, eine Antwort in Form eines Kontakts aus der geistigen Welt. Eine Antwort, die allein von denjenigen zu verstehen ist, die selbst gelitten haben. Solch ein Kontakt entzieht sich jeder Beschreibung.

Beide Männer, der Reiche und der Arme, sterben. Der arme Lazarus zuerst. Doch sobald die Silberschnur durchtrennt wird und er seinen (physischen) Leib abgelegt hat, sieht er um sich herum strahlende Lichtgestalten stehen – die Engel, die ihn auf seiner Reise zur geistigen Welt oder zum Himmel begleiten. Dies muss eine unvorstellbar glückliche Erfahrung gewesen sein: Nach allem Leiden, aller Ohnmacht und der Einsamkeit wird er plötzlich von einer Sphäre des totalen Friedens und der Liebe eingehüllt.

Was Lazarus erleben durfte, wie er in seiner Todesstunde plötzlich die Engel sehen durfte und in jenen unvorstellbaren Frieden gehüllt wurde, der von ihnen ausgeht – das ist etwas, was die Menschen bis auf den heutigen Tag erfahren dürfen. Sie wissen wahrscheinlich – und vielleicht haben Sie es selbst auch schon einmal miterleben dürfen –, dass Sterbende manchmal plötzlich zu strahlen beginnen. Ein Lichtglanz zieht vielleicht über jenes Gesicht, das kurz zuvor noch von Schmerz und Kummer gezeichnet war. Wenn das geschieht, wissen wir, dass der Sterbende – genau wie Lazarus – über die Grenze hinweg blicken und bis in die geistige Welt schauen darf. Diese Erfahrung schildert Jesus in seiner Geschichte mit den simplen Worten: »Als nun der Arme starb, wurde er von den Engeln in Abrahams Schoß getragen.«

Die Engel tragen den armen Lazarus liebevoll in eine der höheren Lichtsphären. Eine Sphäre, die »Abrahams Schoß« genannt wird. Dieser Ausdruck deutet auf einen Zustand wahrhaftigen Glücks hin. Der göttliche Seelenfrieden des Lazarus, sein Geist oder höheres Selbst, findet Geborgenheit im Schoße Gottes, hier als Abrahams Schoß bezeichnet. Jener Name, Abraham, ruft schließlich beim gläubigen Juden eine Reihe von Gefühlen der Hingabe, des Vertrauens, der Erhabenheit und der Geborgenheit in Gott auf.[22] So zeigt sich, dass der Lebenskampf des armen Lazarus nicht umsonst gewesen ist. In seiner schrecklichen Armut und Verlassenheit bleibt ihm nur eines übrig – sich völlig Gott anzuvertrauen. Doch es ist dieses Vertrauen, das ihn reifen ließ und den Geist in ihm hat erwachen lassen.

Der reiche Mann hat ein ganz anderes Leben auf Erden hinter sich. Er war ein sinnlicher Mensch, nur an sich selbst interessiert. Durch seinen Egoismus und seine Sinnlichkeit konnte der Geist in ihm nicht zum Licht finden. Er lernte kein Vertrauen, keine Hingabe, keine Ausrichtung auf jemanden oder etwas anderes als sich selbst. Er begrub sich selbst in seinem Ego. Daher erzählt Jesus über den Tod des reichen Mannes etwas anderes als über den Tod des armen Lazarus. Es heißt: »Auch der Reiche starb und wurde begraben. In der Unterwelt, wo er qualvolle Schmerzen litt, blickte er auf …« Als der reiche Mann stirbt, sieht er also keine Engel. Warum nicht? Stehen die Engel denn nicht auch für ihn bereit? Gewiss stehen auch für ihn die Engel bereit, sie kümmern sich um jeden Menschen, der stirbt. Er wird von ihnen getragen und begleitet. Zumindest wenn man imstande ist, sie zu sehen und ihre Ausstrahlung in sich aufzunehmen. Doch gerade das konnte der reiche Mann nicht. Er hatte sich während seines Lebens keine Liebe, kein inneres Licht, kein Interesse für jemanden anders als sich selbst zu Eigen gemacht. Und darum war er auch nicht imstande, die Wesen der Liebe und des Lichtes zu sehen, die bei seinem Tod um ihn herum standen. Als das irdische Leben von ihm abfiel, sank er im Totenreich in einen Zustand der Unbewusstheit, eine Art betäubenden Schlaf. In ihm war kein Bewusstsein, keine Ausrichtung auf die Welt des Geistes gewachsen.

Er erwacht erst später aus jenem Zustand der Unbewusstheit. Der Ausdruck »das Totenreich« bezieht sich auf die niedere Astralwelt. Das ist also die geistige Welt, wo kein Licht ist; denn keiner der Menschen und Wesen, die in der niederen Astralwelt verweilen, strahlt auch nur irgendein Licht aus.

In der Lichtwelt scheint allerdings keine Sonne. Dennoch herrscht ein strahlendes Licht in jener Welt. Das kommt dadurch, weil alle Menschen und Wesen in jener Welt selbst Licht ausstrahlen. Darum findet man in jener Welt auch keinen Schatten. Schatten wird verursacht durch Licht, das uns von außen bescheint. Wenn ich mich in die Sonne stelle, fällt mein Schatten hinter mich. Die Erde ist eine Welt des Lichtes und des Schattens. Die geistige Lichtwelt kennt lediglich Licht, aber keinen Schatten.

Nach seinem Tod kommt jeder in jene Sphäre, in die er dem Zustand seines Bewusstseins nach gehört. Da in dem reichen Mann kein Licht-Bewusstsein gewachsen war, landete er folglich in der niederen Astralwelt, wo man kein Licht findet und nur Wesen trifft, die selbstbezogen, umnachtet und verhärtet sind.

Dann wird vom reichen Mann erzählt, dass er dort, im Totenreich, »qualvolle Schmerzen« leidet. Jene Worte haben zu den größten Missverständnissen geführt. Vor allem in den letzten Jahrhunderten, als man nicht mehr wusste, worauf sich diese Worte bezogen. Dadurch entstanden Bilder von einer Hölle, wo das Feuer ewig brennt und Menschen vor Schmerzen irrsinnig werden. Das war aber nicht damit gemeint!

Es stellt sich heraus, dass die »qualvollen Schmerzen« des reichen Mannes mit seiner Zunge zu tun haben; seine Zunge scheint in Flammen zu stehen. Deshalb bittet er auch darum, dass Lazarus mit ein wenig Wasser seine Zunge kühlen darf. Was ist hier gemeint? Der Mann war süchtig nach Essen und Trinken; das war während seines Lebens auf Erden seine Leidenschaft, sein größter Genuss. Aber da er nun seinen (physischen) Leib abgelegt hat, kann er sich nicht länger jener Leidenschaft hingeben. Doch das Verlangen nach Essen und Trinken ist ihm geblieben, hat sich seinem Astralleib eingeprägt. Und da sitzt er dann, erfüllt von einem brennenden Verlangen, um zu essen und zu trinken, doch ohne einen Körper, mit dem er dieses Verlangen befriedigen könnte. Jenes brennende Verlangen, das ist es, was mit den Worten »qualvolle Schmerzen« gemeint wird. Und das ist es auch, was der reiche Mann meint, als er sagt: »Ich leide große Qual in diesem Feuer.« Du könntest es ganz einfach so sagen – der Mann hat Entzugserscheinungen. Das ist die Qual, die er leidet.

Der reiche Mann will nun, dass Lazarus aus der hohen Lichtsphäre, wo er verweilt, in die Astralwelt »hinabsteigt«, um ihm die Linderung seiner Qual zu bringen. Aber dann sagt Abraham, dass es nicht möglich ist, so ohne weiteres aus der Lichtwelt in die Astralwelt hinabzusteigen; wie es ebenso unmöglich ist, aus der Astralwelt bis in die Lichtwelt aufzusteigen. Offenbar gibt es in der geistigen Welt Einschränkungen, die es verhindern, so ohne weiteres von einer Sphäre in die andere zu gelangen.

Darauf bittet der reiche Mann, seine fünf Brüder auf Erden zu warnen, sodass sie wenigstens vor seinem Los, dem Aufenthalt im Totenreich, verschont werden. Nicht umsonst wird hier über *fünf*

Brüder gesprochen: Die Zahl Fünf steht für die fünf Sinne, die fünf Sinnesorgane. Unsere »Sinne« müssen transformiert werden, veredelt, vergeistigt, sodass dadurch der Geist in uns ans Licht treten kann und wir jenen Zustand des Bewusstseins erlangen, der es uns ermöglicht, bei unserem Tod in die Lichtwelt einzutreten. Die Antwort Abrahams lautet, dass die Brüder auf Erden schon über »Moses und die Propheten« verfügen. Das will besagen: Sie wissen, wie das (göttliche) Gesetz – ihnen durch Moses gegeben – lautet und wie dieses ausgelegt und im alltäglichen Leben auf Erden angewendet werden soll (die Propheten haben schließlich das Gesetz von Moses erklärt). Jemandes Wiederkehr aus dem Totenreich wird die »Sinne« nicht dazu bringen, mit dem Transformationsprozess zu beginnen. Das wird allein geschehen, wenn man sich ganz bewusst dafür entscheidet, das göttliche Gesetz in seinem Leben als Richtschnur anzunehmen.

Es ist ein wunderschönes Gleichnis, das Jesus hier, aus eigener Wahrnehmung, erzählt. Zahlreiche Informationen über die geistige Welt klingen in dieser Geschichte an. Doch es ging Jesus nicht so sehr darum, jene Information zu vermitteln. Es war genug, dass derjenige, der ihrer bedurfte und der genügend geschult war, sich der Weisheit bewusst wurde, die in diesem Gleichnis enthalten war. Denn es ging Jesus hier um etwas anderes. Die Art und Weise, wie wir hier auf Erden leben, bestimmt das Leben, das uns nach unserem Tode zuteil wird. In diesem Leben auf Erden fällt auch die Entscheidung über das kommende Leben nach dem Tode. Sei dir dessen bewusst, will Jesus eigentlich sagen, dass dieses Leben entweder ein Weg ist, auf dem wir Schritt für Schritt im Bewusstsein wachsen können oder ein Weg, auf dem wir, genau wie der reiche Mann, in die Unbewusstheit absinken können. Wer sich für das Erste entscheidet, der entscheidet sich dafür, die wahrhaftige Liebe, unschuldig, bedingungslos und uneigennützig in diesem Leben zum Ausdruck zu bringen.

Die Geschichte über den reichen und den armen Mann wird zwar oft ein Gleichnis genannt, doch steht dies nicht in dem ursprünglichen Text. Es *ist* auch kein Gleichnis oder eine Bildergeschichte, sondern eher eine Geschichte, in der Jesus darüber erzählt, was er schauend in der geistigen Welt wahrnimmt. Da jedoch die geheime Lehre über die geistige Welt und das Leben nach dem Tode, die in dieser Geschichte durchklingt, nicht mehr verstanden wurde, wurde diese Geschichte als ein Gleichnis aufgefasst.

Aber, könntest du dich fragen, warum spricht Jesus dann nicht ein wenig deutlicher über das, was er von jener geistigen Welt und vom Leben nach dem Tode sieht und weiß? Warum kleidet er die Kenntnis und die Einsichten in eine Geschichte, die ohne weiteres als ein Gleichnis aufgefasst werden kann? Wir sagten bereits, dass es dafür zwei Gründe gibt, und der Deutlichkeit halber wollen wir diese noch einmal wiederholen. Weil Jesus Christus, genau wie alle anderen Meister dies taten, die geheime Lehre allein im inneren Kreis seiner Jünger besprach und nicht in der Öffentlichkeit. Er schließt sich damit der alten Mysterientradition an, in der dieser Unterschied schon seit Jahrhunderten gemacht wurde. Der zweite Grund für die Zurückhaltung Jesu Christi war, dass er eine Diskussion vermeiden wollte über die Frage, ob es möglich war, hellsehend schauend, die Geheimnisse der geistigen Welt wahrzunehmen. Denn eine Diskussion über jene Frage würde die Aufmerksamkeit von dem ablenken, was Jesus die Menschen lehren will – dass unser Leben hier auf Erden eine Wahl bedeutet. Die Wahl, wie wir leben und welchen Lebensweg wir beschreiten wollen, den Weg einer wachsenden Bewusstwerdung, der Liebe und Einsicht, oder den Weg einer wachsenden Unbewusstheit, der Sinnlichkeit, der Macht, des Reichtums und der Ichbezogenheit. Das, will Jesus sagen, ist die fundamentale Wahl, vor der jeder Mensch in seinem Leben steht. Und damit schließt sich Jesus Christus nahtlos der Lehre Buddhas an, der das Leben hier auf Erden auch als einen Weg sieht.

Nicht nur in der Geschichte über den armen und den reichen Mann klingt das Wissen über die geistige Welt und über das Leben nach dem Tode durch, sondern auch in anderen biblischen Texten. Zumindest gilt dies für denjenigen, der für jene Lehren empfänglich geworden ist. Für denjenigen, der »Ohren hat, um zu hören«, wie Jesus es selbst oft nannte. Du kannst dich mit einer Geschichte oberflächlich beschäftigen, auch das ist sinnvoll, denn dann bekommst du auf jeden Fall den Kern davon mit, worum es Jesus geht. Aber du kannst auch den Worten hinter den Worten lauschen, du kannst dem lauschen, was in diesen scheinbar so einfachen Geschichten im Verborgenen anklingt; und dann siehst du auf einmal, wie sich manche andere Einsichten zeigen. So sagt Paulus zum Beispiel, als er über den Tod spricht: »Gesät wird ein irdischer Leib, auferweckt ein überirdischer Leib.«[23]

Im griechischen Urtext stehen für den »irdischen Leib« die Worte »psychikon Soma«, was du zwar mit den Worten »irdischer Leib« übersetzen darfst, was aber eigentlich den Astralleib bezeichnet. So gebrauchen wir das griechische Wort »Psyche« auch noch in den Begriffen »Psychologie« und »Psychiatrie«. Nicht allein der physische Leib wird also gesät, das heißt, als Saat in die Erde gelegt, sondern auch der Astralleib wird gesät. Doch aus jener Saat, dem physischen Leib, der in die Erde kommt, und der Saat, dem Astralleib, welcher in der Astralwelt abgelegt und dort entbunden wird, löst sich ein anderer Körper, das »Soma pneumatikon«, der »geistige Körper«, der göttliche Seelenfunken oder der Geist. Diese wenigen Worte des Paulus lassen sich nicht verstehen, ohne eine Kenntnis von der Zusammensetzung des Menschen.

Petrus gebraucht ein anderes, etwas einfacheres Bild, als er über den Tod spricht: »… *denn ich weiß, dass mein Zelt bald abgebrochen wird …*«[24]

Eigentlich ist das ein schönes Bild – das Zelt ist nur die Hülle, ein Schutz. Und genau das ist es, was der physische Leib darstellt – die Hülle des ewigen Geistes in uns.

Dies sind nur ein paar Beispiele einer Reihe, die leicht mit anderen ergänzt werden kann. Aber vielleicht sind diese wenigen Beispiele genug, um deutlich zu machen, dass die biblischen Texte viel mehr über den Tod und das Leben nach dem Tode erzählen, als mancher es sehr lange gedacht haben mag.

5

DIE SIEBEN SCHRITTE ZUM LICHTREICH

Der Tod ist dein Geburtsrecht.
Er ist ein Geschenk,
auf das jeder Anrecht hat.
Er ist eine Ruhestätte für die Erschöpften,
eine Zuflucht für Gejagte,
eine Lehre für diejenigen, die auf Abwege geraten sind,
ein Meilenstein für den Pilger
und ein Paradies für die Gläubigen.
Sai Baba

Wie geht es weiter mit uns, wenn wir sterben? Welche Erfahrungen machen wir dann, welches Leben erwartet uns dann? In diesem Kapitel wollen wir auf diese Frage eingehen. Doch bevor wir dies tun, erst noch eine Vorbemerkung. Wir schreiben ständig über den »Geist in uns«, der ewig und während unseres Lebens hier auf Erden mit drei Körpern bekleidet ist. Aber wie erfahre ich jenen Geist? Auf welche Art und Weise kann ich mit ihm Kontakt herstellen? So wie ich denke, handele, spreche oder in mich selbst versunken bin, manifestiert sich darin nur mein »gewöhnliches« Ich, mein Ego oder mein niederes Ich. Ich habe einen bestimmten Charakter mitbekommen, und in jenem Charakter manifestieren sich die verschiedenen Planetenkräfte, die dazu beitrugen, meinen Astralleib zu formen. Im alltäglichen Leben habe ich also mehr mit meiner Seele, meinem Astralleib oder meinem Ego zu tun, als mit dem Geist in mir. Denn jener Geist ist tief in mir verborgen und kommt nur selten ans Licht. Trotzdem kann ich jenen Geist erfahren; etwa wenn ich meditiere und plötzlich einen intensiven Frieden erfahre, der mich für einen Augenblick über die Zeit erhebt, über das alltägliche Leben, über das Denken. Wenn ich das (ein einziges Mal) erfahre, weiß ich, dass ich für einen Augenblick von den stillen Kräften des Geistes in mir durchströmt werde. Dasselbe kann mir widerfahren, wenn ich in den Bergen oder im Wald spazieren gehe. Plötzlich, für einen Augenblick, fallen alle Sorgen und alle alltäglichen Gedanken von mir ab und ich fühle mich eins mit der Natur. Es hat dann den Anschein, als wenn ich für einen Augenblick nicht länger *ich* sei, sondern als wenn ich mich in *allem* befände. Ich bin die Bergwelt, die Luft, ich bin die Kraft dieser Berge, ich bin die prickelnd frische Atmosphäre. Auch dann, während jener Erfahrung, weiß ich, dass für einen Moment mein (niederes) Ich zum Schweigen gekommen ist, um Platz zu schaffen für den Geist in mir. Das sind und bleiben besondere Momente. Momente, die zu bewahren sind, weil sie an die Tatsache erinnern, dass man so viel mehr, so viel größer ist als das alltägliche Ich, das so oft in allen Verantwortungen, allen Sorgen, allen Pflichten und allen Herausforderungen untergeht.

Wir nennen nur ein paar Beispiele. In der Hoffnung, dass Sie selbst, als Leser, in Ihrem eigenen Leben herausfinden können, in welchen Momenten Sie etwas vom Geist in Ihnen erfahren durften.

Es dürfte einleuchten, dass jener Geist in uns viel leichter durch unser Ego bricht, wenn wir versuchen, in Liebe, im Vertrauen und in der Hingabe zu leben. Dann macht sich mein Ego eine Schwingung zu Eigen, die verwandt ist mit der höheren Schwingung des Geistes in mir. Wenn ich mich jedoch innerlich ganz und gar auf Besitz, auf Reichtum, auf mich selbst ausrichte, dann verhärtet sich mein Ego so sehr, dass es für den Geist in mir unmöglich wird, durch jenen Panzer hindurch zu brechen. Aber wenn ich auf innere Reinheit, auf Ehrlichkeit, auf Einfachheit, auf Mitleid abziele, und wenn ich mein Gefühl schärfe, um mich in andere einfühlen zu können, dann wird mein Ego stets transparenter und stets zugänglicher für den Geist in mir. Ich kann mir also nur des Geistes in mir bewusst werden, wenn ich mich für eine Lebenseinstellung entscheide, die nicht mich selbst, sondern Gott, den anderen, die Erde und die Natur in die Mitte stellt.

Diese Erläuterung macht es vielleicht ein wenig deutlicher, wodurch das Bewusstsein des reichen Mannes aus dem vorigen Kapitel bestimmt war und wie anders der arme Lazarus ausgerichtet war. Das hat mit den verschiedenen Einstellungen zu tun, mit denen sie im Leben standen. Vielleicht wird dadurch deutlich, warum das Thomas-Evangelium schreibt:

> Jesus sagte:
> *Wenn ihr jenes in euch hervorbringt,*
> *wird euch das, was ihr habt, erretten.*
> *Wenn ihr jenes nicht in euch habt,*
> *wird das, was ihr nicht in euch habt,*
> *euch töten.*[25]

»Hervorbringen, was in euch ist« verweist auf den Geist in uns, den wir, durch das Leben gehend, ans Licht bringen sollen. Wenn jener Geist in uns ans Licht kommt, zu einer bewussten Kraft in uns wird, wird jene Kraft uns nach dem Tod unseres Körpers wie ein Licht durch die Äther- und die Astralwelt zur Lichtwelt führen. Aber wenn wir jenen Geist in uns durch die Verhärtung unseres Egos vollkommen eingemauert haben und uns seiner nicht bewusst geworden sind, werden wir nach dem Tod unseres Körpers kein Licht sehen, das uns zur Lichtwelt führen kann. Dann bleiben wir, genau wie der reiche Mann, in der finsteren Astralwelt oder dem Totenreich, wie es in dem biblischen Text genannt wird, 'hängen'. Dann also wird das, »was du nicht in dir hast« (= dir nicht zu Eigen gemacht hast), dich töten, das heißt, dich gefangen halten in der finsteren Astralwelt, in der du in die Bewusstlosigkeit versinkst. Es geht hier also um einen *geistigen* Tod. Und sowohl in den biblischen als auch in den gnostischen Texten wird der geistige Tod als viel schlimmer erachtet als der körperliche Tod.

Doch nun zum eigentlichen Thema dieses Kapitels: Was geschieht, wenn unser (physischer) Leib stirbt? Man kann die Reise aus der Welt der Materie in die geistige Welt als eine Reise in sieben Schritten sehen.

Aussicht auf die andere Seite

Wenn wir sterben, beginnen unser höheres Selbst (der Geist in uns), unser Astralleib und unser Ätherleib sich von unserem physischen Leib zu lösen. Aber solange der Tod nicht eintritt, bleiben die drei durch die Silberschnur mit unserem physischen Leib verbunden. Vielleicht haben Sie, genau wie wir, öfters den Übergang – ein Wort, das uns lieber ist als das Wort »Tod« – von Menschen miterlebt. Sehr oft wurden die Beine und die Füße zuerst kalt, als wenn schon alles Leben daraus entwichen wäre. Das ist auch so, weil der Äther- und der Astralleib sich oft über den Kopf oder über die Brust vom physischen Leib lösen.

Wenn sich nun der Äther- und der Astralleib vom physischen Leib lösen, wird der Mensch hellsichtig. Ein Hellseher ist im Grunde jemand, bei dem der Äther- und der Astralleib weniger stark am physischen Leib festsitzen als bei anderen. Daher rührt es auch, dass Kinder oft noch hellseherische Erfahrungen haben; weil bei ihnen der Äther- und der Astralleib weniger stark im physischen Leib verankert ist, als es bei Erwachsenen der Fall ist.

Nun wird auch deutlich, warum so viele Sterbende an dieser äußersten Grenze solche glückseligen Erfahrungen machen. Sie werden in jenem Augenblick hellseherisch und erblicken die Engel, die sie abholen kommen. Auch sehen sie ihre lieben Verstorbenen, die sie erwarten, und sie hören Musik – manche sprechen über einen Engelschor –, der man in der geistigen Welt lauschen kann. Licht ist Energie, ist Bewegung, ist Klang. Alle Energieformen senden daher auch einen eigenen Klang aus. Solange wir in diesem Körper sind, hören wir dies nicht, aber sobald wir die Einschränkung des Körpers hinter uns lassen, werden jene harmonischen Klänge für uns hörbar.

Diese glückselige Erfahrung an der Grenze von Leben und Tod ist jedermann beschieden. Doch sie wird von denjenigen nicht wahrgenommen, die sich innerlich nicht darauf vorbereitet haben, indem sie sich im Geben von Liebe übten. Die Vorbereitung ist im Grunde sehr einfach. Jedem, der sich in diesem Leben auch nur irgendetwas von der wahrhaftigen Liebe zu Eigen gemacht hat, wird diese Erfahrung zuteil. Allein diejenigen, die sich gänzlich auf sich selbst ausgerichtet haben und im Grunde niemand anders als sich selbst im Auge hatten, werden bei ihrem Tod nicht imstande sein, die Engel zu sehen, ihre lieben Verstorbenen wahrzunehmen und jene wunderschöne »Musik« zu hören.

Auch diejenigen, die plötzlich sterben, machen diese Erfahrung. Menschen, die manchmal nur eine halbe Minute oder sogar nur einige Sekunden eine Nah-Tod-Erfahrung durchlebten, sahen trotzdem in dieser halben Minute oder den wenigen Sekunden ihr ganzes Leben an sich vorbeiziehen. Während dieser kurzen Zeit lebten sie außerhalb der Zeit, in einem zeitlosen Raum, und somit hatten sie »alle Zeit«, um ihr ganzes Leben gründlich zu bewerten. Auch derjenige, der plötzlich stirbt, wird also, gleichsam verlangsamt, zeitloser, die Wonne und die Glückseligkeit dieses plötzlichen Blicks auf die Welt der Engel, der geliebten Verstorbenen und von Christus selbst erfahren dürfen.

Das Zerreißen der Silberschnur

Der Tod tritt ein, wenn die Silberschnur durchtrennt wird, die den physischen Leib mit dem Ätherleib, dem Astralleib und dem höheren Selbst verbindet. Dies ist ein unwiderruflicher Prozess. Wenn jene Schnur einmal gerissen ist, kann der Leib nicht wieder zum Leben erweckt werden.

Jene Silberschnur lässt an die Nabelschnur denken, die das Kind mit der Mutter verbindet. Die Nabelschnur wird meistens vom Arzt oder der Hebamme durchtrennt. Die silberne Schnur wird von jenen Engeln zerrissen, deren Mission es ist, Menschen bei ihrem Übergang beizustehen. Vielleicht kennen Sie das Gefühl aus eigener Erfahrung, wenn man in der Nähe eines Sterbenden von einem tiefen und intensiven Gefühl der Ehrfurcht erfüllt wird. Diese Ehrfurcht wird nicht nur geweckt, weil man einem der größten Geheimnisse dieses Lebens, dem Tod, Auge in Auge gegenübersteht, sondern auch, weil man unbewusst die Ausstrahlung der »Engel des Übergangs« in sich aufnimmt.

Die Ähnlichkeit zwischen der Nabelschnur und der Silberschnur ist auffallend. Diese Ähnlichkeit lässt vermuten, dass eher von einer Übereinstimmung zwischen Geburt und Tod, einem Gleichklang, die Rede ist, als von einem Gegensatz. Für die menschliche Erfahrung sind Geburt und Tod zwei Extreme; ein größerer Gegensatz ist kaum denkbar. Bei einer Geburt herrschen die Gefühle der Freude und der Dankbarkeit vor, während der Tod Gefühle der tiefen Trauer und des Schmerzes hervorruft. Doch dieser Gegensatz trügt, denn die Geburt ist auch ein Tod. Wer geboren wird, nimmt Abschied von der geistigen Welt und verlässt diese, um in die Welt der Materie, in die Menschenwelt, einzutreten. Der Tod hingegen ist auch eine Geburt. Der Verstorbene verlässt zwar die Menschenwelt, die Welt der Materie, doch in der geistigen Welt wird er geboren und geht in diese ein. Bei der Geburt eines Menschen auf Erden sehen wir bloß die Vorderseite dieses Geschehens, seinen Eintritt in die Menschenwelt; beim Tod eines Menschen sehen wir bloß die Rückseite dieses Geschehens, seinen Abschied von der Erde. Daher dieser scheinbare Gegensatz, aus irdischer Perspektive, zwischen Geburt und Tod. Im Grunde genommen sind Geburt und Tod durchaus vergleichbare Prozesse!

Die »Engel des Übergangs« vollziehen allerlei kosmische Gesetze, die beachtet werden müssen, um die Loslösung vom physischen Leib zu ermöglichen. Welche Gesetze das sind, ist für uns Menschen noch verborgen. Wahrscheinlich werden jene Gesetze, im Verlauf der Evolution, schrittweise enthüllt werden.

Der Lebensfilm

Unmittelbar nachdem der Körper zurückgelassen wurde, erhält man einen Rückblick in Bildern von jenem Leben, das man soeben vollendet hat. Es ist gleichsam das Durchblättern eines Fotoalbums: Bild für Bild zieht vorüber. Der Film beginnt nicht bei der Geburt, sondern umgekehrt, beim Abschied, beim Tod; und geht dann zurück bis zur Geburt. Bei diesem Rückblick zeigen sich allerlei Situationen, die man längst vergessen oder aus seinem Bewusstsein verdrängt hatte. Jedes Leben kennt nun einmal auch dunkle Seiten. Diese dunklen Seiten werden einem beim Zurückblicken auf das Leben nicht erspart, ebenso wenig wie natürlich die freudvollen. Es ist eher so etwas wie eine objektive Wiedergabe dessen, was das soeben vollendete Leben eigentlich bedeutete.

Während dieser Zeit befindet man sich noch dicht in der Nähe seines Körpers und der Lieben, von denen man soeben Abschied genommen hat. Man ist auch noch sehr empfänglich für das, was von denen, die man zurückgelassen hat, ausgestrahlt wird. Darum kann es einem sehr gut tun, wenn man erfährt, dass die Hinterbliebenen mit Liebe und Respekt an einen denken. Jene Liebe ist dann eine wirkliche Kraft und eine große Hilfe beim Durchblättern des Lebensalbums. Wenn die dunklen Seiten jenes Lebensbuches wieder aufleuchten, Seiten, die man selbst lieber überschlagen würde, dann hilft es, erfahren zu dürfen, dass für die Art und Weise, wie man gelebt hat und gestorben ist, von den Hinterbliebenen ein großer Respekt und eine echte Liebe empfunden wird. Daher wird in vielen Kulturen ein großer Wert auf die Totenwache gelegt. Es geht dabei nicht um das Wachen selbst, sondern um die Liebe und die Wärme, die während dieser Wache zum Hinübergegangenen ausstrahlt und womit dieser umhüllt wird. Wir können in diesem Zusammenhang die Bedeutung der Totenwache nicht genug hervorheben. Sie kann für den Hinübergegangenen eine enorme Kraft bedeuten!

Die Erinnerung an das soeben vollendete Leben auf Erden ist im Ätherleib gespeichert, der Ätherleib ist der Sitz des Gedächtnisses. Doch wenn man während der ersten drei Tage den Lebensfilm betrachtet, wird dieser gleichzeitig auch auf den Astralleib übertragen. Wenn nach ungefähr drei Tagen auch der Ätherleib aufgelöst wird, dann trägt man noch die Erinnerung an jenes vollendete Leben mit sich. Aber nun im Astralleib.

Viele Menschen spüren den Hinübergegangenen während der ersten drei Tage noch ganz in der Nähe. Dieser *ist* auch noch ganz in der Nähe, denn die ätherische Sphäre liegt gewissermaßen in der Verlängerung der materiellen Welt. Erst wenn der Hinübergegangene auch den Ätherleib abgelegt hat, geht er oder sie in die Astralwelt ein und entfernt sich damit weiter von der irdischen Sphäre.

Das Kama-Loka oder Fegefeuer

Wenn nun auch der Ätherleib abgelegt ist, folgt der Eintritt in das Kama-Loka. Das Kama-Loka darf man sich nicht räumlich vorstellen, da in der geistigen Welt kein Raum und keine Zeit existieren. Die Dimensionen von Raum und Zeit sind allein der Welt und dem Leben auf Erden vorbehalten. Das Kama-Loka ist mehr ein Zustand des Bewusstseins. Es ist jene Sphäre, in der Raum vorhanden ist, um das soeben vollendete Leben auf Erden durch und durch zu spüren. Man bekommt nun erneut das Panorama seines irdischen Lebens zu sehen. Es steht einem sozusagen in voller Größe vor Augen. Und abermals beginnen der Rückblick und die Betrachtung beim Ende des irdischen Lebens, um dann langsam zum Beginn, zur Geburt, zurückzukehren.

Doch anders als beim ersten Rückblick direkt nach dem Übergang, bekommt man nun seinen Lebensfilm aus verschiedenen Perspektiven zu sehen. Immer wenn ein Bild von einem selbst erscheint – von einem Augenblick, in dem man etwas sagte oder tat –, wird man bei diesem Rückblick nicht allein spüren, was man selbst in jenem Augenblick fühlte, sondern auch spüren, was die Menschen um einem herum empfanden. Man wird bis auf den Grund seines Herzens erfühlen, was seine Worte oder Handlungen in ihnen auslösten. Auf diese Art und Weise wird man sich bewusst, was wirklich von einem ausging und wie es die Menschen um einem herum berührte. Für jedes Bild, das aus der Vergangenheit auftaucht, erhält man genügend Zeit, um sich damit auseinander zu setzen und es gefühlsmäßig zu erfassen. Um sich so bewusst zu werden, was wirklich von einem ausging. Es ist also nicht länger möglich, sich selbst zu belügen und sich einzureden, dass man es nur gut gemeint habe und deshalb nichts daran ändern könne, dass der andere sich verletzt gefühlt habe. Wir werden gänzlich erfühlen, *warum* und *wie* verletzt sich der andere fühlt. Dann werden wir endlich, in aller Nacktheit und Ehrlichkeit, sehen, wer wir waren, wie wir lebten und auf welche Weise wir die Menschen um uns herum getroffen haben.

Im Kama-Loka wird man sich auch seiner Süchte bewusst. Man denke nur an den reichen Mann, der seiner Essgier und Trunksucht schmerzlich ausgesetzt war. Die Unmöglichkeit, diese Sucht zu befriedigen, zwingt ihn zum Entzug und gibt ihm das Gefühl, als stünde seine Zunge in Flammen. Nun ist das alte Wort »Fegefeuer« ein anderes Wort für Kama-Loka. Aber leider wurde das Wort »Fegefeuer« nicht richtig verstanden. Das Wort wurde aufgefasst als der Name eines Ortes, wo wir Buße tun müssen und Schmerzen leiden werden, weil dort ein Feuer brennt, in dem wir sengen und brennen. Diese unheimliche Vorstellung vom Fegefeuer geht aus der Tatsache hervor, dass man nicht mehr begriff, dass jene Flammen oder jenes Feuer nur symbolisch gemeint waren und eine Beschreibung der Entzugserscheinungen darstellten, denen man im Fegefeuer ausgesetzt ist. Das Fegefeuer ist zwar ein Ort der Läuterung, aber dann ein Ort, an dem wir das Urteil über unser soeben vollendetes Leben auf Erden selbst fällen. Auch das ist wichtig: Wir selbst sind es, die urteilen, niemand anders! Und zwar indem wir selbst intensiv empfinden, was der *andere* bei unseren Worten und Taten fühlte. Nur so können wir in Weisheit, Einsicht und Liebe wachsen. Wenn wir also für diese Periode der Besinnung den Ausdruck »Fegefeuer« gebrauchen wollen, so müssen wir jenen Terminus zunächst von allen irrigen Vorstellungen befreien.

Der Plan für ein folgendes Leben

Es dürfte klar sein, dass man sich bei jenem intensiven und sorgfältigen Rückblick im Kama-Loka selbst auf die Spur kommt. Man sieht seine blinden Flecken, die immer wiederholten Fehler, aber man sieht auch, wodurch man dem anderen, ohne es zu wissen, Gutes getan hat. Jener Rückblick weist also zwei Aspekte auf. Zuerst kommt man dem auf die Spur, was man in sich selbst noch verbessern könnte, was man noch zu lernen hat und was die blinden Flecken sind, derer man sich im Leben auf Erden einfach nicht bewusst wurde. Diese Bewusstwerdung führt fast automatisch zu einer Art »Programm« für ein folgendes Leben. Beim nächsten Mal, wenn man zur Erde zurückkehrt, muss man vor allem hieran und daran arbeiten. Man bestimmt daher bei jenem Rückblick im Großen und Ganzen auch den Plan für ein folgendes Leben auf Erden – seinen Lebensplan. Dabei erhält man natürlich schon alle benötigte Hilfe der Engel.

Außerdem darf man sich auch den Gewinn des soeben vollendeten Lebens zu Eigen machen. Man darf sich seiner Zunahme an Liebe und Einsicht bewusst werden und diese verinnerlichen. Dann wird dieser Gewinn ein innerliches Wachsen, das man auf immer mit sich nehmen kann. Wenn dieser Prozess der Besinnung, der Erstellung eines neuen Lebensplans und der Verinnerlichung des geistigen Gewinns, welchen man aus dem soeben abgeschlossenen Leben auf Erden mitnimmt, vollendet ist, legt man auch den Astralleib ab. Dann endlich wird der Geistfunke frei, kommt ans Licht und beginnt zu leuchten.

Jenen Prozess im Kama-Loka wird der eine schneller durchlaufen als der andere. Wer es sich hier auf Erden schon zu Eigen gemacht hat, sich selbst kritisch zu betrachten, wird diese Besinnung schneller abrunden als jemand, der die Schuld für alles, was geschieht, immer auf andere geschoben hat. Wir können uns daher auf unseren Übergang vorbereiten, indem wir uns jetzt schon etwas von der Selbstbesinnung aneignen.

Wichtig ist auch, dass uns bei dieser Besinnung im Kama-Loka enthüllt wird, wie sehr wir in jeder Nacht Hilfe und Führung von unserem Schutzengel empfangen haben. In jeder Nacht, ob wir uns dessen bewusst sind oder nicht, werden wir in der geistigen Welt auf die folgenden Lebensschritte vorbereitet, die uns erwarten. Viele unserer Träume sind denn auch nichts anderes als die halbbewussten, vagen Erinnerungen an jene Führung. Im Kama-Loka erhalten wir nun völlige Sicht auf jene Führung und auf das, was wir damit gemacht haben. Es ist also eine *vollständige* Lebensübersicht, was uns im Kama-Loka geschenkt wird!

Der Eintritt in die Lichtwelt

Wir können uns kaum vorstellen, wie wir aussehen werden, wenn wir endlich auch die letzte Hülle, die des Astralleibes, abgelegt haben, und der Geist in uns endlich befreit wird! Diese Lichtgestalt, die wie ein Schmetterling aus dem Kokon ausschlüpft, strahlt ein prachtvolles geistiges Licht aus und ist von atemberaubender Schönheit. Wenn wir nun jenes strahlende Wesen vor uns sehen würden, dann würden wir voller Ehrfurcht auf die Knie fallen, so schön, so erhaben, so rein und so strahlend ist jenes Wesen!

Nun verlassen wir die Astralwelt und treten in die Lichtwelt ein. Die Lichtwelt besteht aus vielen Dimensionen, meistens »Sphären« genannt. Wir dürfen es uns wie eine steigende Reihe von Sphären vorstellen, die immer schöner, immer lichter werden.

Dass die Lichtwelt aus so vielen Sphären besteht, machte auch Jesus beiläufig deutlich, als er sagte: »*Im Haus meines Vaters gibt es viele Wohnungen.*«[26]

Wenn wir nun in die Lichtwelt eintreten, kommen wir in die Sphäre, deren Helligkeit dem Licht gleich ist, das wir in uns tragen. Oft ist das eine höhere Sphäre als die Sphäre, in der wir lebten, bevor wir zur Erde gingen, denn der innerliche Gewinn, den wir in jenem Leben machten, hat unsere Lichtkraft erhöht.

Wenn wir in jene Lichtsphäre eintreten, ist das ein Fest, ein großes Fest. Denn jeder, der zurückkehrt, wird mit Begeisterung, mit Freude empfangen. In jener Lichtsphäre treffen wir allerlei Menschen an (Lichtwesen, müssen wir eigentlich sagen), mit denen wir uns gleich verwandt fühlen. Sie tragen schließlich genauso viel Licht in sich wie wir selbst. Darum ist unsere Ankunft in unserer eigenen Sphäre auch ein Fest des Wiedererkennens.

Leben und Wirken in der Lichtwelt

In der Lichtwelt dürfen wir alles tun, was zu uns passt und was uns helfen kann, weiter zu wachsen. Oft ist das, was wir dort beginnen, etwas, was als stilles Verlangen bei uns auf Erden gewachsen ist. Ein Beispiel mag dies verdeutlichen. Ein Mädchen starb, als sie achtzehn Jahre alt war. Als ihre Mutter zu einem von uns beiden kam, um über das Hinübergehen ihrer Tochter zu sprechen, durften wir ihr sagen, dass ihre Tochter nun in der Lichtwelt jung gestorbene Kinder in Empfang nahm, sie versorgte und begleitete. Die Mutter war durch diese Äußerung tief getroffen, denn, so erzählte sie, ihre Tochter hatte während ihres Lebens auf Erden nur einen großen Wunsch gehabt, nämlich später, nach ihrer Ausbildung, mit Kindern arbeiten zu dürfen. Was hier auf Erden als Verlangen in ihr gewachsen war, aber nicht verwirklicht werden konnte, weil sie so jung hinüberging, fand nun Erfüllung in der geistigen Welt. Oft haben Menschen Verlangen und Träume, die sie hier auf Erden nicht umsetzen können. Einfach darum, weil der tägliche Lebenskampf es nicht zulässt, weil sie vielleicht für ihre Kinder zu sorgen haben. Aber was hier auf Erden ein stilles Verlangen ist, wird in der Lichtwelt zur Wirklichkeit. So können wir in der geistigen Welt zum Beispiel studieren, können neue Erfindungen für das Leben auf Erden entwerfen, können Menschen aus den niederen oder höheren Astralsphären in ihrem Wachstum zum Licht begleiten. Wir können dort Bauzeichnungen entwerfen, Musik machen und komponieren, wir können dort malen und unterrichten. In dieser Sphäre ist wirklich alles möglich! Wenn du also weißt, was das stille Verlangen derjenigen war, die du lieb hattest und die mittlerweile in die geistige Welt hinübergegangen sind, dann weißt du nun auch, was sie in diesem Augenblick tun!

Diejenigen, die genügend gereift sind und sich ein gewisses Maß an Weisheit und Liebe zu Eigen gemacht haben, dürfen oft auch als Führer für liebe Hinterbliebene auf Erden wirken. Denn wir haben nicht nur unsere Schutzengel, die uns auf unserem Weg durch dieses Leben helfen und beistehen, wir haben auch einen oder mehrere lichte Führer, liebe Verstorbene, die uns von der geistigen Welt aus begleiten. Einige Menschen sind sich jener liebevollen Begleitung dieser Führer bewusst. Anderen bleibt jene Führung unbewusst, sie ist aber dennoch vorhanden!

So lässt sich die Reise von der Erde bis in die geistige Welt in sieben Schritten beschreiben. Doch wir wollen dieses Kapitel beschließen, indem wir noch eine Anmerkung über die Rückkehr zur Erde machen. Nachdem wir eine kürzere oder längere Zeit in der Lichtwelt verbracht haben (obwohl es in der geistigen Welt keine Zeit gibt, können wir nichts anderes tun, als dies aus unserer irdischen Perspektive so zu beschreiben), beginnt in uns das Verlangen zu wachsen, geistig weiter reifen zu dürfen, um in eine höhere Lichtsphäre gelangen zu können. Solch ein Wachstum kann eigentlich nur auf Erden geschehen. Darum beginnt man fast wie von selbst, wenn jenes Verlangen erwacht, mit dem Weg »nach unten«, zur Erde. Nacheinander zieht man die verschiedenen Mäntel an, um sich auf seine neue Geburt auf Erden vorzubereiten – zuerst den Astralleib, dann den Ätherleib und schließlich geht man in einen Körper ein, der im Mutterschoß wächst. Bei jenem »Abstieg«, dem Weg zur Erde, gehen wir, wie Platon es nennt, durch »das Bad des Vergessens«, sodass wir letztendlich ohne Erinnerung, sozusagen leer, wieder auf Erden ankommen. Dann, in jenem neuen Körper lebend, beginnen wir mit unserer nächsten Lebenslektion.[27]

6

DIE EINWIRKUNGEN DES MENSCHEN AUF DIE DREI GEISTIGEN WELTEN

Warum leben wir auf Erden? Wir leben auf Erden, um geistig zu wachsen, um zur Einsicht zu gelangen und an Liebeskraft zuzunehmen. Wenn wir so leben, bringen wir den göttlichen Geist, den Gottesfunken, der als unser geistiges Selbst in uns lebt, zur Entfaltung und Offenbarung. Das geschieht nicht auf eine Art und Weise, die für jedermann gleich ist, sondern auf eine individuelle, einmalige Manier, in jedem Menschen auf Erden auf eine andere Weise.

Auf Erden kann man sehr viel lernen. Für unser Thema ist vor allem wichtig, dass wir uns allein auf Erden individualisieren, ein eigenes Ichbewusstsein entwickeln können. Die Tatsache, dass du in der geistigen Welt nicht alles entwickeln kannst, klingt vielleicht ein wenig fremd. Trotzdem ist es so. In der geistigen Welt können wir kein eigenes Ichbewusstsein entwickeln, weil wir als geistige Wesen dort nicht voneinander getrennt sind, sondern *in* einander leben. Das heißt, nicht voneinander abgegrenzt, sondern vollkommen ineinander und mit einem geteilten Bewusstsein. Ein Zustand, den du dir mit deinem normalen irdischen Bewusstsein kaum oder nicht vorstellen kannst. Nur weil wir auf Erden einen eigenen physischen Körper haben, sind wir hier voneinander getrennt und können ein selbstständiges Individuum mit einem eigenen Ich und einem eigenen Ichbewusstsein werden.

Nun sahen wir in den vorigen Kapiteln, dass wir außer einem physischen Leib auch einen Ätherleib haben, um auf Erden zu leben. Einen ätherischen Körper, der unseren physischen Leib mit geistiger Energie durchtränkt und ihm Leben schenkt. Daneben benötigen wir einen Astralleib, denn allein dadurch gewinnen wir eine eigene Seele, eine eigene Innenwelt. Wenn wir jenen Astralleib oder die Seele nicht hätten, könnten wir als geistiges Wesen auf Erden nichts erleben und erfahren und könnten uns mit nichts verbinden. Ohne Ich könnten wir keine eigene Persönlichkeit und kein eigenes Selbstbewusstsein besitzen. Wir sehen also, wie wichtig die verschiedenen Körper sind, um unser geistiges Wachstum auf Erden zu ermöglichen.

Nun ist es so, dass das Ich aus einem »niederen« und einem »höheren« Teil besteht. Der niedere Teil findet seine Basis in den verschiedenen Körpern, besonders im Astralleib, und wird dadurch beeinflusst. Er formt unsere Persönlichkeit und wird auch das Ego genannt. Der höhere Teil schließt unser geistiges Wesen ein. Dieses geistige Wesen, das geistige Selbst, lebt zum größten Teil noch unbewusst in der Tiefe der Seele.

Wenn man als geistiges Wesen für eine neue Inkarnation zur Erde kommt, bekleidet man sich Schritt für Schritt mit einem dieser Körper. Diese Körper nimmt man aus verschiedenen Gefilden auf, den Astralleib aus der Astral- oder der Seelenwelt, den Ätherleib aus der Ätherwelt, während der physische Leib aus Erdenstoff aufgebaut wird, wenn man im Mutterschoß in der physischen Welt angekommen ist.

Alle diese Leiber, die du vor der Geburt aufnimmst, legst du nach dem Tod wieder ab. Du gibst sie dann sozusagen an die verschiedenen Gefilde zurück. Der physische Leib, den du zurücklässt, wird eingeäschert oder begraben und der Staub, der übrig bleibt, wird so wieder in die Erde aufgenommen. Den Ätherleib legst du nach deinem Tod in der Ätherwelt ab, und wiederum noch später den Astralleib in der Astral- oder Seelenwelt. Auch diese beiden Körper werden somit an die Welten zurückgegeben, aus denen sie hervorgegangen sind. Du leihst jene Hüllen gewissermaßen für eine Weile von der geistigen Welt. Durch diesen Gebrauch verändern sie sich jedoch. Mit anderen Worten, beim Tod sind sie nicht dieselben Körper, die wir auf dem Weg zur Erde empfingen. Wir haben in ihnen gelebt und alles Mögliche darin durchgemacht und erlebt, und dadurch haben sie sich im positiven oder im negativen Sinne verändert. Sind wir geistig gewachsen und haben Bewusstsein und Liebe entwickelt, dann haben wir diesen Körpern etwas Positives hinzugefügt. Jenes neue Bewusstsein und jene Liebe wirken dann nach dem Tod durch die abgelegten Hüllen auf eine positive Weise in den verschiedenen Welten weiter. Haben wir auf eine egoistische Art und Weise ausschließlich äußerlichen Dingen und niederen Begierden nachgestrebt, dann wird auch das in jene Welten aufgenommen, und das wirkt dann störend auf die physische-, die Äther- und die Astralwelt ein. Dies zeigt, dass der Mensch mit der Qualität seines Lebens nicht bloß die Erden-Wirklichkeit beeinflusst, sondern auch die geistigen Welten!

Die Entscheidungen, die man während seines Lebens auf Erden trifft, haben eine weitreichende Auswirkung. Viel weiter und größer, als die meisten Menschen erahnen.

7

DER GÖTTLICHE SEELENFUNKEN IN UNS

Wir leben also auf Erden, um in unserem Inneren – in unserem Ich, unserem Ego, unserer normalen Persönlichkeit – die Kraft unseres geistigen Selbst, unseres höheren geistigen Wesens zu entfalten. Wir leben auf Erden, um den göttlichen Kern in uns ans Licht zu bringen. In jedem Leben arbeiten wir daran weiter. Dieses Weiterarbeiten an uns selbst, mit dem Ziel, ein geeignetes Instrument für den göttlichen Kern, den Geist, zu formen, wird auch mit dem Bau eines Hauses verglichen.

Das Haus selbst wird auf Erden aus Stoffen der Erdenwelt gebaut, aus Steinen, Zement, Holz und dergleichen. Wie das Haus *werden*, wie der Entwurf und der Bauplan des Hauses aussehen soll, wird nicht auf der Baustelle selbst, sondern auf dem Schreibtisch des Architekten entworfen. Dies gilt eigentlich auch für die Entwicklung unseres Körpers, unserer Seele und unseres Ichs, als Haus für unseren göttlichen Kern. Jenes Haus wird auf Erden mit bestimmten Absichten gebaut, doch dessen Entwurf und den Bauplan müssen wir in der geistigen Welt suchen, bei dem göttlichen Architekten. Darum wird Gott auch der »Große Baumeister der Welten« genannt.

Nun muss unser göttlicher Kern, immer wenn dieser ein Leben auf Erden vollendet hat, zurück in die *geistige* Welt, um den geistigen Bauplan zu Rate zu ziehen und neue Kräfte und Inspiration für das weitere Werk in der physischen Welt zu sammeln. Genau wie der Bauunternehmer für den Bau des Hauses auch immer zur Bauzeichnung zurückkehrt und sich mit dem Architekten berät, so kehren auch wir als Menschen nach jedem Leben auf Erden zur geistigen Welt zurück. Dort blicken wir dann auf unser vergangenes Leben zurück. Wir sehen, was wir geworden sind, vergleichen das mit dem Urbild, was wir werden sollen und was wir anstreben, und sehen, was noch getan werden muss. Daraufhin wird der Entwurf für das folgende Leben gemacht, mit all seinen Aufgaben und Pflichten. So arbeiten wir in jedem Leben auf Erden weiter an unserer Vervollkommnung.

Wie entwickelt sich nun dieser göttliche Kern in uns auf Erden? Indem du an dir arbeitest und Bewusstsein, das heißt Erkenntnis, Einsicht und Weisheit, erlangst, und indem du Wärme und Liebe entwickelst. Unser göttlicher Kern gehört zur geistigen Lichtwelt und *ist* Bewusstsein, Kraft, Weisheit und Liebe. Jene Kräfte leben jedoch auf Erden noch nicht bewusst in uns. Zumindest zum größten Teil noch nicht. Nur da, wo wir uns der Dinge bewusst geworden sind, Erkenntnis und Einsicht erlangt und Wärme und Liebe entwickelt haben und in unserem Handeln zum Ausdruck bringen, da lebt in unserem Ego schon ein wenig von der Kraft unseres höheren Ichs, unseres göttlichen Kerns oder des geistigen Selbst.

Jenes hohe Ziel, die Entwicklung des Gottesfunkens in uns, beginnt mit ganz einfachen Aufgaben im täglichen Leben auf Erden, in der Welt der Materie. Selbst so etwas Gewöhnliches wie Autofahren gehört dazu. Wenn ich ein Auto lenke, so verlangt das ständige Wachsamkeit, also Bewusstheit von mir. Ich muss nicht allein wissen, wohin ich fahren will, sondern auch den Weg finden, lenken und ohne Unfälle und große Umwege ankommen. Dabei muss ich auch noch andauernd mit anderen Autofahrern, Radfahrern und Fußgängern, also mit anderen Menschen rechnen. Unser ganzes tägliches Leben ist mit solchen Übungen ausgefüllt, die uns wachrütteln und uns unser eigenes Verhalten und das Verhalten und die Bedürfnisse anderer Menschen bewusst machen, die wir berücksichtigen müssen und mit denen wir lernen müssen umzugehen. In der geistigen Welt existieren solche Bewusstsein bildenden Übungen nicht. Dafür benötigen wir die Erdenwelt, die uns den Widerstand liefert, durch den wir erwachen.

Menschen, die eine Nah-Tod-Erfahrung erlebt haben, können uns viel über die Zunahme an Erkenntnis und Liebe erzählen. So berichten sie zum Beispiel, dass die Lichtgestalt, der sie im Jenseits begegneten, sie immer wieder sehen ließ, dass es im Leben um zwei Dinge geht – zu lernen, andere Menschen zu lieben und Erkenntnis und Einsicht zu erlangen. Erkenntnis und Einsicht in dich selbst, in das Leben, in andere Menschen, in die Entwicklung der Menschheit und des Kosmos. Mit dieser Erkenntnis und jener Einsicht wird nicht das Wissen um allerlei Tatsachen und Dinge gemeint, die nicht essenziell sind, sondern Erkenntnis, die *vollständig* macht und die dadurch zum wirklichen Verstehen und zur tieferen Einsicht in die Zusammenhänge führt. Eine solche Erkenntnis erlangt man nur, wenn sich das Wissen nicht auf den Intellekt beschränkt, sondern sich auch mit dem Gefühl, mit dem Herzen verbindet, und so zum innerlichen Erlebnis wird.

Ein Theologe, der eine Nah-Tod-Erfahrung durchlebte, erzählte einem Forscher, dass er gesehen hatte, was für ein arroganter Kerl er mit all seiner Theologie und der Art und Weise doch war, auf die er auf Menschen herabblickte, die kein Mitglied von seiner Kirche waren und nicht dieselben theologischen Auffassungen teilten. Die Lichtgestalt, mit der er auf sein Leben zurückblickte, schien sich überhaupt nicht für seine Theologie zu interessieren. Der Theologe: »Manchmal schien er es sogar eher amüsant zu finden, weil er überhaupt kein Interesse für die Kirche hatte, zu der ich gehörte. Er wollte wissen, was sich in meinem Herzen abspielte, nicht was in meinem Kopf vorging.«[28]

Auch bei der Liebe zeigt es sich, dass es nicht allein um Liebe geht, sondern um *bewusste* Liebe, die Interesse an anderen Menschen hat und ihre Nöte und Bedürfnisse sieht und versteht. Mit anderen Worten, Liebe, die sich mit Kenntnis und Einsicht verbindet. Eine Frau schrieb nach einer Nah-Tod-Erfahrung, dass alles, was sie im äußerlichen Sinne erreicht, was sie besessen hatte und im äußerlichen Sinne wusste, in der Gegenwart des geistigen Lichtwesens wegfiel. Aber, fügte sie hinzu: »Die Taten dagegen, in denen ich selbstlose Liebe und Interesse an meinen Mitmenschen gezeigt hatte, wurden für alle Zeit als Lichtpunkte in meinem Lebensregister festgehalten, ungeachtet wie gering oder wie flüchtig jene Momente auch gewesen sein mochten.«[29]

Die Verbindung von Kenntnis und Liebe, wodurch die Kraft des geistigen Kerns in uns zunimmt, wird von jener Frau, die wir im 3. Kapitel zitierten, hervorragend in Worte gefasst. Wir wiederholen ihre Worte hier noch einmal: »… seit meiner 'Todes'-Erfahrung habe ich angefangen, mich zu fragen, ob ich die Dinge, die ich getan hatte, nun tat, weil sie gut waren oder weil sie gut für *mich* waren. Früher reagierte ich impulsiv, nun denke ich erst gut und lange über die Dinge nach. Alles scheint zunächst von meinem Geist aufgenommen und verdaut werden zu müssen. Ich trachte danach, Dinge zu tun, die mehr Bedeutung haben, und dadurch fühle ich mich in meinem Geist und in meiner Seele besser. Außerdem versuche ich, Menschen gegenüber nicht voreingenommen zu sein. Ich will Dinge tun, weil sie gut sind, nicht weil sie gut für mich sind. Und jetzt verstehe ich alles auch so viel besser.«[30]

Dieses Beispiel zeigt, dass die Erfahrung in der geistigen Welt und der Bewusstseinsprozess, der darauf folgte, sie geistig wach werden ließ. Sie hinterfragte fortan ihre Motive, und alles musste zunächst von ihrem Geist aufgenommen und verdaut werden. Dies ist ein Prozess der Erkenntnis, der bei ihr zur Einsicht wird. Jene Einsicht führte dann dazu, dass sie fortan viel bewusster »Gutes tun« wollte. Nicht weil es von der einen oder anderen Autorität aus so sein sollte, sondern weil sie es *selbst*, in voller Freiheit, von innen heraus *wollte*. Gutes nicht bloß zum eigenen Vorteil zu tun und auch nicht allein für den anderen, sondern weil es im objektiven Sinne »gut« ist. Aus eigenem Willen und Bewusstsein heraus »Gutes zu tun«, dies ist Liebe in ihrer eigentlichen geistigen Bedeutung. Da jene Liebe objektiv geworden ist, wirkt sie nicht allein gut und heilend auf den anderen Menschen, auf den sie gerichtet ist, sondern auch auf alle anderen Menschen auf Erden und die eigene Person.

8

KÖRPER, SEELE UND GEIST

Bevor wir noch auf eine andere Weise den Weg besprechen, den der Gestorbene durch die verschiedenen Regionen der geistigen Welt geht, wollen wir zunächst zeigen, wie unser geistiges Wesen, unsere Seele und unser physischer Körper miteinander verbunden sind. Unser göttlicher Kern wird durch die Seele und das Ich bis in das physische Dasein gezogen, um dort Erlebnisse und Erfahrungen sammeln zu können. Das geschieht, indem in unserer Seele und im Ich allerlei Kräfte wirken: Gefühle der Sympathie und Antipathie, Freude und Kummer und eine große Portion an Trieben, Begierden, Bedürfnissen, Impulsen, Wünschen, Verlangen und dergleichen. Indem in unserer Seele das Verlangen zur Erde und somit zum physischen Leben lebt, richtet sich unser göttlicher Kern anstatt auf die geistige auf die physische Welt aus und verbindet sich mit einem physischen Körper und der physischen Ebene.

Hieran sehen wir, dass unser Geist, der göttliche Kern, über unsere Seele, mit all ihren Erlebnissen und Impulsen, mit dem physischen Dasein in der irdisch-materiellen Welt verbunden ist.

Aber nicht allein unser Geist, auch unsere Seele koppelt sich stark an den physischen Körper. Dadurch entsteht eine intensive Wechselwirkung zwischen der Seele und allerlei Prozessen, die sich im physischen Körper abspielen. Du kannst das gut erfahren, wenn du müde oder krank bist. Dadurch, dass du mit deiner Seele und deinem Ich an den physischen Leib gebunden bist, erfährst du die Müdigkeit und das Kranksein in deiner eigenen Seele als unangenehm oder schmerzlich. Und schließlich identifizierst du dich auch damit: *Ich* fühle mich unwohl oder elend. Umgekehrt ist das auch der Fall. Wenn ich mich durch eine bestimmte Erfahrung schmerzlich getroffen fühle, kommt das nach einer kurzen oder längeren Zeit auch in meinem Körper zum Ausdruck. Wir sehen also, dass die enge Verbindung zwischen Seele und Körper ganz fundamental ist für die Art und Weise, auf die wir leben, im Leben stehen und uns selbst erfahren.

Unsere Seele ist aber nicht bloß mit dem physischen Körper verbunden, sondern über das Ich auch mit unserem Geist oder göttlichen Kern. Geist ist Bewusstsein, Einsicht, lebendiges Fühlen und Denken, Weisheit, Kraft, Harmonie, Schönheit und Güte. Auch an der Bewegung unseres Geistes in unserer Seele erfahren wir alles Mögliche. Manche Gedanken erfüllen unsere Seele mit Freude, andere mit Abscheu. Machen wir etwas gut oder tun etwas Gutes, so erfahren wir es in unserer Seele als angenehm. Wie jene Frau erzählte, dass sie sich in ihrer Seele und ihrem Geist besser fühlte, wenn sie Dinge zu tun versuchte, die Bedeutung hatten. Sinn und Bedeutung sind Elemente, die mit dem Geist zusammenhängen. Erhältst du zum Beispiel dadurch, dass du auf einmal einen roten Faden siehst, einen tieferen Einblick in dich selbst oder in eine Beziehung mit einem anderen Menschen, so bringt das an erster Stelle ein Gefühl der Freude und Dankbarkeit in deine Seele und in dein Ich. Wenn du das in Worte kleidest, wird dir auf einmal bewusst, dass dein Leben damit Sinn und Bedeutung erhält.

Alle diese Erfahrungen zusammen bewirken, dass du dir auf einer tieferen Ebene deiner selbst bewusst wirst. »Ich weiß nun, warum ich hier bin«, oder: »Ich weiß nun, was ich mit meinem Leben will.« Jene Bewusstwerdung auf einer tieferen Ebene ist das Wachstum des Geistes in uns. Dieses Wachstum kann sich in unserer Seele und unserem Ich nur vollziehen, indem wir bestimmte Dinge erfahren und im Bewusstsein verankern.

Es gibt Menschen, die ganz und gar im physischen Dasein aufgehen. Sie denken nicht oder kaum über tiefere Dinge nach, beschäftigen sich nicht mit schönen oder guten Dingen, sondern sind allein darauf aus, so viel wie möglich von allem zu profitieren und sich auf materiellem Gebiet alles Mögliche anzuschaffen – alle paar Jahre eine neue Küche oder eine neue Einrichtung fürs Haus, weil die Nachbarn das auch haben. Es geht darum, so schnell wie möglich viel Geld zu verdienen, um noch mehr ausgeben zu können. Bei diesen Menschen siehst du, dass sie mit ihren Bedürfnissen und Begierden, und somit mit ihrer Seele und ihrem Ich, gänzlich in der physischen Welt aufgehen. Doch nicht allein ihre Seele und ihr Ich, auch ihr Geist wird dadurch ganz und gar in jene Sphäre gezogen. Alle ihre Anstrengungen und Gedanken sind auf die Befriedigung physischer Bedürfnisse gerichtet. Du kannst dann auch sagen, dass sich ihr Geist durch ihre Seele und ihr Ich in der physischen Welt verfängt und dadurch ganz und gar physisch ausgerichtet wird. Die Folge davon ist, dass das geistige Wesen nicht oder sehr schwer freikommen kann, um seine eigentliche Aufgabe auf Erden zu erfüllen.

Ihnen gegenüber stehen Menschen, die – oft durch allerlei Probleme gezwungen – begonnen haben, sich Fragen zu stellen und angefangen haben, über das Leben nachzudenken: Worum geht es eigentlich im Leben? Oft kommen sie zu einer bestimmten Einsicht und machen die Dinge dann anders, oder sie richten ihr Leben anders ein. Hier ist also nicht die Rede von einem Geist, der in der Welt der Materie untergeht und seine eigentliche Aufgabe verliert, sondern von einem, der in der Seele und im Ich erwacht und dem betreffenden Menschen sein Bewusstsein, seine Kräfte und Gaben schenkt.

Die genannten Beispiele zeigen, wie die Beziehung zwischen Körper, Seele und Geist bei den Menschen auf verschiedene Weisen funktioniert. Wir werden noch sehen, auf welche Art und Weise es Einfluss auf das Leben nach dem Tode nimmt.

9

DER WEG NACH DEM TOD DURCH DIE REICHE DER GEISTIGEN WELT

Der Rückblick in der Ätherwelt

Wir erklärten schon, dass du im Augenblick des Todes deinen physischen Körper ablegst und dann siehst, wie dein ganzes Leben an dir bildhaft vorbeizieht. Das kommt dadurch, weil der Ätherleib, in dem alles gespeichert ist, was du während des Lebens auf Erden erlebt und gedacht hast, nun freigesetzt wird und dir seinen Inhalt in lebendigen, objektiven Bildern zeigt. Dein ganzes Leben steht nun vor dir. Ungefähr drei Tage durchlebst du diesen Rückblick auf dein Leben. Obwohl du natürlich nicht sagen kannst, dass dieser Rückblick dir nichts ausmacht – ganz im Gegenteil –, so betrachtest du ihn doch mit einem objektiven Blick. Ja, so war es, das ist geschehen, das habe ich damals gedacht, so habe ich es damals empfunden, und dort und damals bin ich so oder so mit den Dingen umgegangen. Hierdurch wirst du dir deiner selbst, deines eigenen Ichs, deutlich bewusst. Du erkennst: Derjenige, der das durchgemacht hat, bin ich. Was nun vor mir steht, ist mein Leben.

Nach drei Tagen verblassen die Bilder und der Rückblick hört auf. Das Verblassen bedeutet, dass sich der Ätherleib löst und in die Ätherwelt zurückkehrt.

Der Rückblick in der astralen Welt

Während unseres Lebens auf Erden ist unser Astralleib eine zusammengeballte Form. Beim Eintritt in die Astralwelt will er sich öffnen und in die Astralwelt zurückkehren, aus der er aufgebaut wurde. Die zusammengefügte Form beginnt zu zerfließen. Bei diesem Prozess zeigt sich das Wesen des Astralleibs mit allem, was während unseres Lebens auf Erden darin aufgenommen und aufgebaut wurde. Er tritt lebendig und unverhüllt vor uns. So beginnt ein emotionales Wiedererleben des soeben vollendeten Lebens, beginnend beim Augenblick des Sterbens und beim Moment der Geburt endend. Dieser Rückblick findet so statt, dass du nun selbst spürst, was die Menschen um dich herum durch dich erlebt haben – sowohl im positiven wie im negativen Sinne. Der ganze Prozess, der eine längere Zeit dauert, im Durchschnitt ungefähr ein Drittel des vergangenen Lebens, führt dazu, dass du nun, wiederum auf eine andere Art und Weise wie in der Ätherwelt, ein wahres Bild von dir selbst und deinem eigenem Leben erhältst. Gleichzeitig ruft dieses Bild Impulse in dir wach, um in einem folgenden Leben anders und besser zu handeln.

Mit dem Übergang in den Astralleib bist du als Verstorbener in der astralen Welt angekommen. Der Deutlichkeit halber zählen wir die verschiedenen Ebenen der geistigen Welt nacheinander auf:

1. Die Ätherwelt.
2. Die astrale oder die seelische Welt, sowohl die »niedere« als auch die »höhere«.
3. Das Devachan, die »niedere« und die »höhere« Lichtwelt. In der christlichen Tradition wird diese niedere und höhere Lichtwelt auch »das Paradies« genannt.
4. Die allerhöchste göttliche Welt, die weit über die höheren Lichtwelten hinausgeht.

In der astralen oder der seelischen Welt geht es, wie vorstehend beschrieben, in erster Linie um das Verarbeiten der irdischen Erlebnisse und Erfahrungen. Diese Verarbeitung beginnt dadurch, dass du dein Leben erneut erlebst – nun über die Seele der Menschen, mir denen du zu tun hattest. Jenes erneute Erleben ruft allerlei Gefühle und Emotionen hervor, Freude und Dankbarkeit, aber auch Traurigkeit und Schmerz darüber, was du einem anderen, oft unbewusst, durch Worte, Handlungen oder Fahrlässigkeit angetan hast. Gleichzeitig erhältst du – durch die Welt, in der du dich nun befindest und die geistigen Lichtwesen, die dir in jenem Prozess des Wiedererlebens beistehen – auch Einsicht darin, wie du auf eine bessere Art und Weise hättest handeln können. Durch dieses Wiedererleben und jene Einsicht lernst du und wirst weiser. Nicht nur weiser, auch liebevoller. Denn was der andere durch dich erlitten oder wodurch er Schaden genommen hat, willst du wieder ausgleichen, indem du es nun anders und auf eine gute und liebevolle Weise tust. Dass du es in dem Moment nicht kannst, sondern warten musst bis zu einem nächsten Leben, das ruft dann wiederum Schmerz hervor. So arbeitest du dich durch dein ganzes vergangenes Leben und damit durch den Inhalt deines Astralleibes. Mit jedem Wiedererleben und der darauf folgenden Einsicht und dem Vorsatz, in der Zukunft anders zu handeln, verarbeitest du deine irdischen Erfahrungen, und so kommt dein Geist, dein göttlicher Kern, immer mehr frei.

Wie schon geschildert, geht es in der astralen oder der seelischen Welt, außer um die Verarbeitung des vergangenen Lebens, vor allem auch darum, zu lernen, mit dem Verlust deines physischen Leibes umzugehen. Dadurch, dass du ihn vermisst, kannst du schließlich allerlei Triebe, Begierden, Bedürfnisse, Wünsche und Verlangen nicht mehr erfüllen. Denn ungeachtet der Tatsache, dass der physische Leib nicht mehr da ist, sind nach dem Tod alle diese Kräfte noch aktiv in deiner Seele gegenwärtig und weitgehend auf das physische Dasein ausgerichtet. Diese Bindung lässt dann nach, wenn die Fixierung auf das Physische langsam erloschen ist. In diesem Sinne wird jene Welt, besonders die niedere seelische Welt, auch *Kama-Loka* genannt, die altindische Bezeichnung für den Ort der Begierden. Das ist der Ort, wo wir von den Begierden und Einflüssen, die mit dem physischen Dasein zusammenhängen, gereinigt und befreit werden und Einsicht erhalten in das, was wesentlich ist und was nicht. Erst dann bist du so weit, dass du die höheren Regionen der geistigen Welt, die Lichtwelt, betreten kannst. Denn in dem Maße, in dem wir als Verstorbene unsere Erlebnisse und Erfahrungen in der seelischen Welt verarbeiten, zur Einsicht gelangen und durch den Prozess des Erlöschens der auf die Erde gerichteten Begierden und Bedürfnisse gehen und somit gereinigt werden, kommt unser göttlicher Kern frei. Freikommen will hier heißen, dass sich unser Geist nun immer mehr öffnet und seine inneren Kräfte entfaltet.

Wie vollzieht sich jene Reise durch die verschiedenen Regionen der astralen oder der seelischen Welt? Willst du diese Frage beantworten, so stößt du unmittelbar schon auf das Problem, dass du für die Beschreibung jener Welt nur Worte zur Verfügung hast, die ihre Bedeutung in der physisch-materiellen Welt erhielten. Die seelische Welt ist jedoch ganz anders und neu. Es herrschen dort ganz andere Gesetze und Gesetzmäßigkeiten als in der physischen Welt. Eigentlich fehlen uns die richtigen Möglichkeiten, um jene Welt in Worten zum Ausdruck zu bringen und zu beschreiben. Vieles kann daher nur in Form von Vergleichen angedeutet werden. Dessen müssen wir uns bewusst sein, wenn wir über die seelische Welt sprechen.

So müssen wir, wenn wir über die verschiedenen Ebenen oder Regionen der seelischen Welt sprechen, uns nicht vorstellen, dass diese nacheinander existieren, sondern ineinander. Sie fließen ineinander über und durchdringen einander. Aus unserer irdischen Art der Wahrnehmung und des Denkens ist es so, als würden wir eine Ebene nach der anderen durchlaufen. In Wirklichkeit öffnet sich dir aber eine Ebene nach der anderen in dem Maße, indem man die dafür erforderlichen Eigenschaften und Fähigkeiten besitzt oder im Laufe des Aufenthalts dort erlangt. Du musst also die innere Affinität zu einer solchen Ebene haben, soll sie sich dir öffnen. Das Leben auf Erden und das, was du dort an Seelen- oder geistigen Kräften entwickelt hast, bestimmt, wie dein Leben in der geistigen Welt nach dem Tod aussieht, welche Regionen sich dir öffnen und welche geschlossen bleiben und wie lange du dort verbleibst. Dabei ist es so, dass du mit verschiedenen Teilen deiner Seele in verschiedenen Regionen lebst. Mit den Teilen deiner Seele, in denen du noch unfrei bist, lebst du zunächst in den »niederen« Regionen. Während du mit den Aspekten deiner Seele, in denen dein Geist auf Erden schon halbwegs freigekommen ist, in den höheren Regionen der seelischen oder der geistigen Welt lebst. Hast du dich auf Erden geistig nicht entwickelt und bist du ganz und gar in äußerlichen, materiellen Dingen aufgegangen, so lebst du im Leben nach dem Tod zu einem großen Teil (zunächst) in der niederen seelischen Welt.

Der Prozess des Erlöschens und der Verarbeitung, der also gleichzeitig auch ein Reinigungsprozess ist, beginnt in den niederen Regionen der seelischen Welt. Die seelische Welt kennt sieben Regionen oder Unterebenen. Welche sind das?

Rudolf Steiner konnte die verschiedenen Ebenen der geistigen Welt wahrnehmen und erforschen. Er benannte und beschrieb die Regionen der seelischen Welt folgendermaßen:

1. Die Ebene der Begierdenglut
2. Die Ebene der flüssigen Empfänglichkeit für Eindrücke
3. Die Ebene der Wünsche
4. Die Ebene der Lust und Unlust
5. Die Ebene des Seelenlichtes

6. Die Ebene der aktiven Seelenkraft
7. Die Ebene des eigentlichen seelischen Lebens [31]

Die ersten vier Ebenen werden auch die niedere seelische Welt genannt, weil du als Mensch hier noch stark in deinen Begierden und deiner Ausrichtung auf die physische Welt lebst. Die Ebenen fünf, sechs und sieben umfassen die höhere seelische Welt, weil die Seele hier schon mehr gereinigt ist und der Geist sich schon mehr manifestieren kann.

1. *Die Ebene der Begierdenglut* ist die niedrigste Ebene in der seelischen Welt. Von ihr wirst du angezogen, wenn du während deines Lebens die niedrigsten, mit dem physischen Körper zusammenhängenden selbstsüchtigen Triebe und Begierden ausgelebt hast. In diesen Zustand kommen allein die Menschen, deren Begierden auf die derbsten Dinge gerichtet waren, zum Beispiel sexuelle Begierden, welche die Form der Perversion angenommen haben. Verstorbene, die wenig von diesen Begierden mitbringen, gehen, ohne es zu merken, durch diesen Zustand hindurch, denn sie haben damit keine Verbindung. Die Ebene der Begierdenglut ist ein finsterer Zustand in der seelischen Welt, wo die brennenden Verlangen langsam verzehrt werden. Ein Zustand des Leidens also. Trotzdem dürfen wir dieses läuternde Leiden kein Leiden in derselben Bedeutung nennen wie in der physischen Welt. Im Verlauf der Zeit fängst du als Verstorbener an, nach Läuterung zu verlangen, da du spürst, dass die Ausrottung dieser Begierden die einzige Art und Weise ist, das Leid und die Unvollkommenheit, die hiermit zusammenhängen, zu verringern und weiterzukommen. Deshalb bejahst du zu einem bestimmten Zeitpunkt selbst innerlich diesen Prozess.

2. *Die Ebene der flüssigen Empfänglichkeit für Eindrücke* ist die zweite Region der seelischen Welt. Es hat mit der Beachtung und der Zeit zu tun, die du auf Erden mit Lappalien und einem flüchtigen und oberflächlichen Umgang mit allerlei sinnlichen Eindrücken verbracht hast. Du lebst in diesem Zustand, sofern du in deiner Seele von derartigen Neigungen bestimmt wurdest.

3. Die dritte Region ist die *Ebene der Wünsche.* Dem Einfluss dieser Ebene unterziehst du dich durch alles, was du nach dem Tod als Wünsche und Verlangen, die sich auf die Erde richten, mit dir trägst. Zum Beispiel Dinge, die du dort noch tun oder erleben wolltest. Da diese Wünsche und Begierden nicht erfüllt werden können, sterben sie in dieser Ebene allmählich ab.

4. Die vierte Ebene, *die Ebene der Lust und Unlust,* erlegt dir besondere Prüfungen auf. Wie gezeigt, wirken Körper und Seele stark aufeinander ein. Der Körper ruft in der Seele angenehme und schöne Gefühle oder unangenehme Emotionen und Gefühle der Unlust hervor. Während des physischen Lebens erfährst du als Mensch deinen Körper als deine Persönlichkeit. Darauf beruht dein Selbstgefühl, dein Ego-Gefühl. Je stärker du seelisch an jenen Körper gebunden bist, desto mehr ist es der Fall. Nach dem Tod fehlt jedoch der Körper, worauf jenes Selbstgefühl basiert. Deshalb fühlst du dich in deiner Seele sozusagen ausgehöhlt, als hättest du dich selbst verloren. Dieser Zustand währt fort, bis dir klar geworden ist, dass dein wahrer Mensch, dein wirkliches Selbst, nicht in der physischen Welt zu finden ist, sondern ein geistiges Wesen ist. Die Einwirkungen dieser vierten Ebene vernichten also die Illusion der Persönlichkeit, insofern diese auf das Physisch-Körperliche begrenzt ist.

Durch diesen Prozess wird deine Seele geheilt und geläutert. Hier besiegst du das, was dich zuvor stark an die physische Welt gebunden hat, und du wirst nun also gewissermaßen von dir selbst erlöst. Während du bisher überwiegend nur mit dir selbst beschäftigt warst, kannst du dich nun voller Mitgefühl anderen Verstorbenen und geistigen Wesen öffnen, die in der feinstofflichen Welt leben.

Du hast nun die ersten vier Ebenen der seelischen Welt, die niedere seelische Welt, durchlaufen. Wie schnell du dort durchkommst, hängt, wie wir schon sagten, von deinem irdischen Leben ab.

Mit der fünften Ebene betrittst du die höhere seelische Welt. Dann kommst du der echten geistigen Welt, der wahren Lichtwelt, schon näher. Nicht zuletzt weil dein höheres Ich, dein geistiges Selbst, durch all jene Prozesse nun freigekommen ist. Du erfährst jenes allmähliche Freikommen deines Geistes als das Wachwerden einer kreativen, schöpferischen Seelenkraft in deiner Seele. Eine Kraft, die nunmehr als geistiges Licht durch deine Seele hindurch zur Umgebung ausstrahlt.(32) Dies schenkt dir ein tiefes Glücksgefühl und wahre himmlische Seligkeit. Jenes Gefühl wird dadurch verstärkt, dass du nun auch immer mehr hohe geistige Lichtwesen wahrnimmst. Später, in der »dritten Welt«, der Devachan-Ebene, siehst und hörst du diese hohen Lichtwesen nicht nur, sondern du wirst auch mit diesen Wesen zusammenarbeiten und wirst schöpferisch aktiv. Das löst ein Gefühl des himmlischen Glücks, der Harmonie, des Friedens und der Erfüllung aus, in einem Maße, dass man es nicht in irdische Worte fassen kann.

Besonders für die höheren Regionen der seelischen Welt, die Ebenen fünf, sechs und sieben, gilt, dass diese sich dir öffnen, sofern du dafür in deinem Erdenleben die Voraussetzungen geschaffen hast, also »ethische und moralische« Ideale gelebt und ein religiöses Gefühl und Spiritualität entwickelt hast.

Die höheren Regionen bleiben dir jedoch in dem Maße verschlossen, in dem du auf Erden eine unmoralische, unsoziale, ungläubige oder in tieferem Sinne »unchristliche« Lebensweise geführt hast. Du hast dann nicht die Schlüssel in der Hand, wodurch sich die Türen dieser Regionen für dich öffnen. Wobei mit »unchristlich« hier nicht gemeint ist, dass du am Sonntag nicht zur Kirche gingst oder kein Mitglied einer Kirche warst, sondern dass du in dir selbst keine Liebeskräfte entwickelt hast, Kräfte, welche von Christus ausgehen.

Für die Verstorbenen, die in der fünften, sechsten und siebten Ebene der seelischen Welt durch ihren Lebensstil auf Erden die notwendigen Eigenschaften vermissen, bedeutet das Leben in dieser Periode ein Leben in quälender Einsamkeit. Hier erfährst du dich selbst, als wenn du in einer Schale oder in einem Gefängnis lebst, aus dem du nicht entkommen kannst. Auch hier gilt, dass du in jenem Zustand bleibst, bis du zu der Einsicht gekommen bist, worum es im Leben wirklich geht und dies auch als wahr erfährst.

Wer sich jedoch durch seine Lebensweise auf Erden gut in diesen Sphären einleben kann, erhält jene Kräfte, die in einem folgenden Leben zu einem gesunden und kräftigen Astral- und Ätherkörper führen. Denn indem du dich mit dieser Sphäre verbinden kannst, können die hohen geistigen Wesen, die diese Ebenen bewohnen, dich erreichen und dir ihre belebenden geistigen Kräfte schenken. [(33)]

5. Die fünfte Region ist *die Ebene des Seelenlichtes*. Indem sich, als Verstorbener, deine Seele schon größtenteils von der Ausrichtung auf das physische Dasein befreit hat, wird das Interesse für jene andere Lebenswelt zu einer stets größer werdenden Kraft. Trotzdem finden auch hier noch Läuterungsprozesse statt.

Mit jener fünften Ebene sind die Seelen der Verstorbenen verwandt, die während ihres physischen Lebens nicht gänzlich in der Befriedigung von niederen Bedürfnissen aufgegangen sind, sondern sich an ihrer Umgebung erfreuten, wie zum Beispiel der Natur, und die davon auch etwas aufgenommen haben. Von der Natur aufnehmen kannst du allerdings auf verschiedene Weisen. Du kannst von ihr aufnehmen und davon ein tolles Gefühl bekommen, und dabei bleibt es dann. Du kannst aber auch von der Natur aufnehmen und dich gleichzeitig in die Art und Weise vertiefen, auf die der Geist in der Natur zum Ausdruck kommt. So erkennst du, wie im Vergänglichen der Natur etwas Unvergängliches, Göttliches, lebt und spürbar und sichtbar wird, was deine Bewunderung erweckt und dich mit Ehrfurcht und Dankbarkeit erfüllt. Die erste Art und Weise des Aufnehmens in jener Ebene der Astralwelt erfordert Läuterung, weil du dich hier allein auf das Äußerliche in der Natur beschränkst und dabei nicht mehr als deine physischen Sinne gebrauchst. Die zweite Art und Weise der Empfänglichkeit für die Natur bringt dich jedoch in Verbindung mit dem Geist selbst und wird dadurch zu einer bleibenden Kraft in dir. Dann ist in jener fünften Ebene keine Läuterung mehr erforderlich, denn dann bringst du das geistige Element schon mit.

Auch wenn deine Seele während des Lebens auf Erden von deinen religiösen Tätigkeiten vor allem ein gutes Gefühl übrig behalten wollte oder wenn du dich dadurch körperlich besser fühlen wolltest, wirst du hier geläutert. Du wirst dir dann nämlich der Illusionen bewusst, die diese Haltung auf Erden ausgelöst hat. Genau wie in den anderen Regionen, bleibst du genau so lange in jener Ebene, bis das Verlangen nach dem irdischen Erleben der Religion vernichtet worden ist. Hier lebst du mit anderen zusammen, die genau wie du Affinität zur Natur und zum religiösen Leben hatten und damit in gleicher Weise umgingen. Das gibt ein intensives Gefühl der Verbundenheit miteinander.

6. Die sechste Ebene ist *die Ebene der aktiven Seelenkraft*. Hast du im Leben das Vermögen zum Geben von Liebe geübt, so wird

dieses Vermögen in jener Ebene verstärkt, weil du dann die kosmischen Liebeskräfte aufnehmen kannst, die dir in jener Ebene hohe geistige Wesen entgegenstrahlen.

In dieser Region der Astralwelt wird jener Teil der Seele geläutert, der, ohne egoistisch zu sein, allerlei Gutes verrichtete, der aber dennoch durch die sinnliche Befriedigung motiviert wurde, die jene Taten auslösten. Viele Idealisten opfern sich als Person auf, um ein bestimmtes Ideal zu realisieren. An und für sich ist das natürlich gut. Aber meistens spielt die Befriedigung eine Rolle, die sie selbst dabei erfahren. Dasselbe gilt für das Werk, das Künstler und Wissenschaftler verrichten. Jene Neigung wird hier gereinigt.

7. Die siebte Ebene, *die Ebene des eigentlichen seelischen Lebens*, ist die letzte der sieben Stufen der Seelenreinigung. Hier verschwinden die letzten Reste, die dich seelisch noch mit der Erde verbinden. Als gestorbene Seele erreichst du nun das Herz des Alls, wo Christus die ganze Menschheit vereinigt. Du fühlst dich eins mit dem weiten Universum, und das, was du früher auf Erden warst, empfindest du nun als etwas, das dir fern steht.

Trotzdem findet auch hier noch eine Läuterung statt. Denn was deinen Geist, dein eigentliches geistiges Lichtwesen, nun als Letztes noch umgibt, ist die Auffassung, dass dieser seine Zuwendung ganz und gar der physischen Welt widmen muss. Wie äußert sich das? Viele Menschen, darunter auch viele Wissenschaftler, richten sich in ihrer Forschung auf Prozesse, die ausschließlich die physische Wirklichkeit betreffen. Alles, was darüber hinausgeht, wird als nebulös oder unwissenschaftlich angesehen. Einen solchen Glauben, der sich bloß auf die materielle Welt beschränkt und den Geist leugnet, nennt man materialistisch. Dieser Glaube muss vernichtet werden, willst du als Verstorbener weiterkommen. Das geschieht in der siebten Ebene. In der wahren Wirklichkeit, in der du dich dann befindest, merkst du, dass es keinen einzigen

Grund für eine derartig materialistische Denkweise gibt. Jener Glaube schmilzt hier wie Schnee an der Sonne. Du wirst dir dessen bewusst, dass alles, was man auf Erden vorfinden kann, seinen Ursprung in der göttlichen Welt hat. Durch alle diese Einsichten löst sich dein Geist von der Ausrichtung auf die physische Welt.

In dieser siebten Region kannst du dich nur einleben, wenn du Toleranz geübt hast und das über alle Religionen und Glaubensauffassungen hinausgehende, Menschen verbindende geistige Element in dich aufgenommen hast. Das heißt, wenn du auch in dem anderen Menschen den göttlichen Geist erkannt hast, der alles und alle miteinander verbindet.

Wenn die siebte Ebene durchlebt ist, hat deine Seele nicht nur während des Erdenlebens ihre Aufgabe vollbracht, sondern sie hat auch alles abgeschüttelt, was dich als geistiges Wesen noch gefangen hielt. Die Aufgabe der Seele ist damit erfüllt. Sie kann nun ihrem eigenen Element, der astralen Seelenwelt, zurückgegeben werden. Damit wird dann auch der letzte Rest des Astralleibes abgelegt.

Dein geistiges Wesen ist nun von allen Banden befreit, bereichert mit allem, was das Erdenleben und der Verarbeitungs- und Reinigungsprozess in der Äther- und der Astralwelt gebracht haben. Ein strahlendes Licht geht nunmehr von dir aus. Du fängst an, um dich herum die Klänge, die Sphärenmusik, der geistigen Welt zu hören. Du erhebst dich nun zu noch höheren Regionen, wo du in deinem eigenen Element, der Devachan-Ebene oder dem Paradies, leben wirst. Dort wirst du, in Zusammenarbeit mit den geistigen Wesen dieser Lichtwelten, zugunsten der weiteren Entwicklung der Menschheit und des Kosmos schöpferisch aktiv.

Der Aufenthalt in den Lichtwelten oder der Devachan-Ebene

Bevor wir dem Geist oder dem göttlichen Kern auf seinem weiteren Weg folgen können, müssen wir zunächst etwas über die Gefilde erfahren, in denen dieser nunmehr leben wird: Die Welt des Geistes, das Paradies oder die Devachan-Ebene.[34] Diese Welt ähnelt der physischen Welt so wenig, dass du diese, noch stärker als bei der seelischen Welt, nur durch Andeutungen beschreiben kannst. Rudolf Steiner wies zum Beispiel darauf hin, dass diese Welt aus einem »Stoff« gewebt ist, aus dem auch der menschliche Gedanke besteht. Es ist eine Welt der lebenden Gedanken oder der geistigen Wesen. Jene lebenden Gedanken oder geistigen Wesen werden – zum Beispiel von Platon – auch Urbilder genannt. Sie stellen hier auf geistigem Gebiet alles dar, was auf Erden, in der Ätherwelt und in der seelischen Welt in Form und Erscheinung tritt. Die Urbilder sind folglich schöpferische Wesen. Alles in diesem Gefilde ist denn auch in dauernder aktiver Bewegung. Alles ist unaufhörlich kreativ wirksam. Ruhe, das Verbleiben an einem einzigen Ort, wie es in der physischen und in der seelischen Welt vorkommt, existiert hier nicht. Du kannst die Situation hier am besten als eine Werkstatt der Gedanken beschreiben, wo alles gemacht wird, was du als Mensch im irdischen Dasein erleben kannst. Jeder Stein, jede Pflanze oder jeder Baum, jedes Tier, das auf Erden existiert, aber auch jeder Mensch und alles, was auf dem Gebiet der menschlichen Kreativität verwirklicht wird, findet hier seinen Ursprung, sein Urbild, sein lebendes Gedankenbild. Auf Erden sind jener Stein, jene Pflanze, jener Baum, jenes Tier, jener Mensch und jenes Kunstwerk lediglich ein Abbild der Urbilder dieser Region der geistigen Welt. Auch begegnest du, als schöpferisches Gedankenwesen, hier dem Urbild deines eigenen physischen Körpers.

Die Urbilder sind Energie, Schwingung, Klang. Sie klingen. Jenes Klingen ist ein rein geistiges Geschehen, das du nicht mit Klängen in der physischen Welt vergleichen kannst. In jenem geistigen Klingen, jenem Meer von Klängen, drücken die Wesen der geistigen Welt sich aus. In ihrem Einklang, in ihren Harmonien, Rhythmen und Melodien, kommen die Urgesetze ihres Daseins, ihre gegenseitigen Beziehungen und Verwandtschaften, zum Ausdruck. Es ist deutlich, dass Rittelmeyer, dessen Reise durch die Himmelswelt wir in Kapitel 3 beschrieben haben, über diese Region in der geistigen Welt sprach, als er über das »Singen«, das »Klingen« der Engelscharen berichtete.

Die Entwicklung deines Geistes im Devachan oder im Paradies kommt zustande, indem du dich in den verschiedenen Regionen dieses Reiches einlebst. Nach und nach verschmilzt dein eigenes Wesen mit den geistigen Wesen, die diese Regionen bewohnen, und du nimmst vorübergehend ihre Eigenschaften an. Diese durchdringen daraufhin dein Wesen mit ihrem schöpferischen Wesen und schenken dir auf diese Weise ihre Kräfte, sodass du auf diesem Gebiet später als Mensch in verstärktem Maße auf Erden wirksam sein kannst.

Das will besagen, dass du in diesen Regionen der geistigen Welt die Früchte, den Ertrag deines Lebens, überträgst und dafür neue geistige Kräfte und Fähigkeiten zurückbekommst, womit du in deiner nächsten Inkarnation auf Erden wieder weiterkommen kannst. In gewissem Sinne beginnt hier also schon die Vorbereitung für das nächste Leben auf Erden.

Hier wirst du dir immer deutlicher bewusst, dass du mit deinem eigentlichen Wesen zur geistigen Lichtwelt gehörst. Im Vedanta wird jenes Bewusstsein durch die Redewendung ausgedrückt: »Ich bin Brahman«. Das will heißen: Ich mache einen Teil des Urwesens aus, dem alle Wesen entstammen.

Genau wie die seelische Welt oder die Astralwelt kennt auch

die Devachan-Ebene sieben Unterebenen. Auch diese sind zu unterscheiden in vier »niedere« Regionen und drei »höhere«. Auf jeder Ebene kann man die hier beschriebenen Urbilder antreffen. So findest du in der ersten Ebene die Urbilder der physischen Welt, in der zweiten Ebene die Urbilder des Lebens, in der dritten Ebene die Urbilder von allem, was mit der Seele zu tun hat. Die Urbilder der vierten Ebene haben nicht direkt mit den anderen Welten zu tun. Sie sind in gewisser Hinsicht Wesen, welche die Urbilder der drei niederen Ebenen dominieren und ihr Zusammenwirken zustande bringen.

Die fünfte, sechste und siebte Ebene unterscheiden sich jedoch fundamental von den vorigen. Die Wesen, die sich hier befinden, geben den Urbildern der niederen Ebenen die Impulse für ihre Aktivität. Hier lernst du den Sinn kennen, der unserer Welt zugrunde liegt.

Wir wollen versuchen, diese Ebenen global zu beschreiben. (35)

1. In der ersten Ebene begegnet dir als Urbild, als lebendes Gedankenwesen, alles, was für deine irdischen Situationen bestimmend war – deine Familie, das Volk, in das du hinein geboren wurdest, das Land, wo du gelebt hast, die Freunde, die du hattest, die Arbeit, die du verrichtetest und so weiter. Das alles erlebst du auf eine bestimmte Art und Weise noch einmal, jetzt aber aus der aktiven geistigen Richtung. Die Liebe, die du deiner Familie gegenüber hegtest, die Freundschaft, die du anderen bewiesen hast, das alles wird nun aus dem Innern heraus in dir lebendig. Und dein Vermögen in diese Richtung wird verstärkt. Du wirst verbunden mit den liebevollen Impulsen, aus denen heraus du auf Erden lebtest und handeltest. In dieser Hinsicht trittst du später als vollkommenerer Mensch erneut ins Erdendasein ein.

Alle Menschen, mit denen du in der physischen Welt zusammenlebtest und mit denen du innerlich verbunden warst, findest du in jener Region der geistigen Welt wieder. Auf geistige Art und Weise setzt du dort das gemeinsame Leben fort, in gegenseitiger Liebe und Respekt, nicht länger durch alle Beschränkungen behindert, die das Leben im physischen Dasein mit sich brachte.

2. In der zweiten Ebene begegnest du den Urbildern des Lebens, den lebenden Gedankenwesen, welche die lebende Einheit erzeugen, die in allem gegenwärtig ist. Während des Daseins auf Erden drückt sich die Wirkung dieses Urbilds in jeder Form der Achtung aus, die du als Mensch gegenüber dem Ganzen, gegenüber der Einheit der Menschheit oder der Harmonie der Welt empfindest. Das religiöse Leben auf Erden rührt aus jener Region her. Der Begriff »Religion« bedeutet: Verbundenheit mit dem großen Ganzen, mit Gott. In dieser Region treten die Früchte jenes religiösen Lebens und somit jenes vereinten Lebens und allem, was damit zusammenhängt, hervor. Als Mensch weißt du nicht nur, sondern du siehst dort auch durch geistige Erfahrung, dass dein individuelles Los nicht von der Gemeinschaft getrennt werden kann, zu der du gehörst. Hier entwickelst du das Vermögen, dich selbst als Teil eines Ganzen zu sehen. Außerdem wird dein Gewissen, dein religiöses Gefühl, das auf Reinheit und Aufrichtigkeit gerichtet ist, in dieser Region verstärkt. Das Geschenk, das du in dieser Region erhältst, ist denn auch, dass du mit einem gewachsenen Vermögen an Aufrichtigkeit und Reinheit wirst reinkarnieren dürfen.

In dieser zweiten Ebene verbindest du dich mit all denjenigen, mit denen du im weiteren Sinne durch gemeinsame Ideale oder Überzeugungen verbunden bist.

Nun berichten manche Menschen, die eine Nah-Tod-Erfahrung hatten, dass sie während jener Erfahrung Familienangehörigen oder anderen lieben Personen begegneten, die kurz davor oder schon vor längerer Zeit gestorben waren. Das muss also eine Begegnung in der ersten Region der Devachan-Ebene gewesen sein. In jener Region geht es ausschließlich um Familie, Volk, Land, Freunde und dergleichen.

Andere berichten, dass sie keine verstorbenen Bekannten sahen, sondern vor allem Menschen begegneten, die dieselben Interessen und Belange hatten wie sie. Diese Begegnung muss folglich in der zweiten Region der Devachan-Ebene stattgefunden haben, wo es um die Verbundenheit im Geiste geht. Auch die folgende Nah-Tod-Erfahrung könnte in der zweiten Region der Devachan-Ebene stattgefunden haben. Ein Mann, der eine solche Erfahrung hatte, schildert die folgende Situation:

»Ich kannte sie ganz und gar, genau wie sie mich ganz und gar kannten, ohne Worte und ohne Nachdenken. Ich begriff, dass jeder in einem Zustand der Vollkommenheit, der Harmonie und Liebe mit dem anderen lebte. Wir waren frei von all den trügerischen Dingen, wie Land, Nahrung oder Wohnung, die laut Historikern die Ursache für Kriege und andere Konflikte sind. Diese Umstände brachten mich in einen außergewöhnlichen Zustand, denn weder Hass noch andere störende Emotionen waren vorhanden. Es gab lediglich eine allgegenwärtige Liebe. Und jene Liebe war so vollkommen, dass auch Gefühle wie Rücksicht, Respekt, Mitgefühl, Anteilnahme, die ihr nahe liegen, darin aufgenommen waren … das alles verschmolz zu einem Ganzen.« (36)

Was du in früheren Regionen erfährst, bleibt in den folgenden Regionen erhalten. Die Bande mit deiner Familie und deinen Freunden werden also nicht abgebrochen, wenn du in das Leben der zweiten oder eine der folgenden Regionen eintrittst. Auch in der Devachan-Ebene sind die Regionen nicht voneinander getrennt, sondern ineinander gegenwärtig. Jede neue Region erlebst du oder sie öffnet sich dir, wenn du in dir selbst die innerlichen

Kräfte erworben hast, um das wahrzunehmen, was du zuvor nicht sahst. Wenn du dich auch mitten darin befandest.

3. Die dritte Ebene der Geisteswelt enthält die Urbilder der seelischen Welt. Alles, was in der seelischen- oder der Astralwelt lebt, ist hier, in dieser dritten Region der Devachan-Ebene, als lebendes Urbild oder Gedankenwesen gegenwärtig. Hier trägt alles Frucht, was du als Mensch auf Erden im Dienste der Allgemeinheit in selbstloser Hingabe für deine Mitmenschen getan hast. Denn durch jene Hingabe lebtest du in der Inspiration aus dieser dritten Region der Devachan-Ebene.

Alle Wohltäter der Menschheit, die zum Segen der Gesellschaft arbeiteten, wie zum Beispiel Gandhi, Mutter Teresa oder Nelson Mandela, erhielten die Kräfte dazu in dieser Region. Das geschah, weil sie durch ihre Lebensweise in früheren Leben eine besondere Verwandtschaft mit dieser Region entwickelt hatten.

4. Die vierte Ebene enthält die Urbilder von allem, was der Mensch an originellen Schöpfungen seines Geistes in die Welt bringt und dem er Gestalt zu verleihen weiß. Wir müssen hier an menschliche Schöpfungen auf dem Gebiet der Kunst und Wissenschaft denken, an Erfindungen in der Welt der Technik, an Staatsformen, die entworfen werden und dergleichen. Ohne Zutun des Menschen existierten von all dem keine physischen Abbilder in der Welt. Den Impulsen aus jener vierten Ebene verdanken wir das weitere Wachstum der Menschheit auf Erden. Umgekehrt bringen wir auch etwas aus diesem Gefilde zurück. Denn was der Mensch während seines Lebens auf Erden an wissenschaftlichen Resultaten, an künstlerischen Ideen und Kreationen, an technischen Einfällen etc. zustande zu bringen weiß, trägt in jener vierten Ebene Frucht und wird dort wirksam. Das ist jene Region, wo Künstler, wo Gelehrte, wo große Erfinder während ihres vorigen

Aufenthalts in der Devachan-Ebene sich ihre Impulse geholt haben, wodurch sie ihre Genialität vergrößern konnten, um in der heutigen Inkarnation in noch stärkerem Maße zur weiteren Entwicklung der menschlichen Kultur beitragen zu können. Wahrscheinlich ist dies die Region, die George Ritchie (siehe Kapitel 3) beschrieb, als er über die Sphäre in der geistigen Welt sprach, wo Erfindungen gemacht werden, die später auf Erden durch das Zutun der Menschen »physisch« werden.

In den noch höheren Regionen der Devachan-Ebene, der fünften, sechsten und siebten Ebene, steigst du zu der höheren Lichtwelt auf, wo du die Absichten erfahren darfst, die der Geist hinsichtlich des Lebens auf Erden hat. In diesen letzten drei Regionen oder Sphären stehst du als geistiges Wesen in den Strahlen jener erhabenen Wesen, für deren Blick die allerhöchste göttliche Weisheit und die Mächte der Liebe in den noch viel höheren göttlichen Sphären unverhüllt sichtbar sind. Wir kennen diese erhabenen Wesen im höheren Devachan auch als die höchsten Engelwesen, welche Seraphim, Cherubim und Throne genannt werden.

Hier, in diesen höheren Regionen der Devachan-Ebene, begegnest du auch den Menschengeistern, mit denen du in folgenden Leben auf Erden verbunden sein wirst.

Wer du als geistiges Wesen eigentlich bist, tritt in der Zeit zwischen zwei Inkarnationen am deutlichsten hervor, wenn du zur fünften Ebene aufsteigst. Was du hier bist, das bist du wirklich, das ist dein Selbst: Derjenige, der in jeder Inkarnation zwar stets eine andere äußere Form annimmt, aber dennoch immer wieder als ein und derselbe erscheint. Hier bist du als geistiges Lichtwesen in deinem eigenen Element. Das geistige Selbst nimmt die Früchte der vorigen Leben mit ins folgende. Es ist der Träger der Ergebnisse der früheren Inkarnationen.

In jener fünften Ebene kann sich dein wahres Selbst in alle Richtungen frei entfalten. Die Kraft, die du aus dieser Region zu einem folgenden Leben mitnimmst, hängt von dem Maße der Verwandtschaft ab, das du auf Erden mit dieser Region entwickelt hast. Hattest du auf Erden ein aktives geistiges Leben oder hast durch weise tatkräftige Liebe versucht, die Absichten des Geistes zu verwirklichen, so wirst du eine besondere Bindung mit dieser Region haben. Bist du vollständig im gewöhnlichen, alltäglichen Leben aufgegangen und hast du dich nur mit oberflächlichen Dingen beschäftigt, dann hast du nichts gesät, was in jener Region Früchte tragen kann, und du bekommst folglich auch wenig aus dieser Region mit. Der Aufenthalt in jener fünften Region kann dazu führen, dass in dir der Drang entsteht, dir selbst durch spezielle schicksalhafte Ereignisse im folgenden physischen Leben solch einen Impuls zu geben, dass du nicht darum herumkommst, die Kräfte und Eigenschaften zu entwickeln, die in diese Region gehören. Als Beispiel für solch einen Eingriff in das Schicksal, der das erreichte, könnte die Nah-Tod-Erfahrung der Frau dienen, die wir in Kapitel 3 beschrieben. Für sie führte diese Erfahrung dazu, dass sie alles zunächst durchdachte und danach strebte, Gutes zu tun um des Guten willen. Durch derartige Bestrebungen wird das geistige Selbst entwickelt.

In der fünften Ebene blickst du auf deine eigene irdische Vergangenheit zurück und spürst, dass alles, was du darin erfahren hast, aufgenommen wird in die Absichten, die in der Zukunft verwirklicht werden sollen.

Das bedeutet, dass du in dieser Region Einsicht erhältst in den großen Entwicklungsplan der Menschheit, von dem du einen aktiven Teil ausmachst.

Außer dieser Einsicht in groben Umrissen erhältst du auch eine Art Rückblick auf deine eigenen früheren Leben und eine Art prophetischen Vorausblick auf spätere Inkarnationen. So entwickelt sich in jener Region der göttliche Kern in dir; und das bereitet dich weiter vor, um in einer neuen Inkarnation imstande zu sein, die geistigen Absichten hinsichtlich der Welt und der gesamten Menschheit noch stärker in der irdischen Wirklichkeit zu realisieren.

6. In der sechsten Region der Devachan-Ebene vollbringst du in deinen Taten all das, was mit dem wahren Wesen der Welt am meisten übereinstimmt. Das heißt, dass du nicht danach suchst, was dir selbst zum Vorteil gereicht, sondern allein nach dem, was geschehen muss, auf dass die Erde und der Kosmos sich in der richtigen Art und Weise entwickeln.

7. Die siebte Region von der Devachan-Ebene führt zu der Grenze, welche die Lichtwelten von den noch viel höheren, übergeistigen Regionen trennt – die allerhöchste göttliche Welt, die Ebene der göttlichen Trinität. In diesen unermesslichen, nicht in irdischen Worten zu beschreibenden Welten leben die allerhöchsten göttlichen Schöpfungsmächte und Liebeskräfte, in deren Dienst alle geistigen Wesen der geistigen Welt stehen. Auch durch jene höchsten göttlichen Gefilde gehst du als gestorbener Mensch hindurch, sei es auch unbewusst. Das, was dort lebt und wirkt, kannst du im heutigen Stadium der menschlichen Entwicklung längst noch nicht bewusst erfassen und ertragen. Die meisten Menschen erleben *bewusst* nach dem Tod nicht viel mehr als die dritte, höchstens die vierte Region der Devachan-Ebene. Dann erlischt ihr Bewusstseinslicht und sie werden unbewusst. Nur Einzelne, die auf Erden dazu die Fähigkeiten entwickelt haben, kommen bewusst weiter. Trotzdem können wir sagen, dass jetzt, wo in unserer Zeit auf Erden der Geist im Herzen und im Ich der Menschen wach wird, immer mehr Verstorbene die fünfte Region der Devachan-Ebene bewusst erreichen werden. Dadurch werden in

kommenden Generationen die Kraft und die Wirkung des Geistes auf Erden erheblich verstärkt werden. Nur wenigen, vielleicht niemandem, ist es in unserer Zeit gegeben, die Grenze der allerhöchsten göttlichen Welten bewusst zu überschreiten.

Der Weg zu einem neuen Dasein auf Erden

Wir Menschen steigen unbewusst bis in die allerhöchste göttliche Welt auf. Dort unterziehen wir uns unbewusst der Wirkung jener Welten. Ganz und gar kosmisch geworden, kommen wir dann zum Wendepunkt des Daseins zwischen Tod und neuer Geburt.

Nun sind wir bereit, um abermals zu einem irdischen Menschendasein hinabzusteigen. [(37)] Jene Reise zur Erde geht nun in umgekehrter Reihenfolge durch alle beschriebenen Regionen der Devachan-Ebene, der Astral- oder der seelischen Welt und der Ätherwelt. Diesmal allerdings nicht, um Eigenschaften, Möglichkeiten und Impulse abzulegen, sondern um auf jeder Ebene von den dort lebenden geistigen Wesen nicht allein einen Astralleib und ein Ich, sondern auch einen Ätherleib und einen physischen Körper zu empfangen. Außerdem erhältst du von ihnen Gaben, Fähigkeiten und Talente, die du in deiner folgenden Inkarnation gebrauchen kannst. In der dritten Region von der Devachan-Ebene erhältst du zum Beispiel den Keim des menschlichen Erinnerungsvermögens, in der zweiten Region die Möglichkeit, menschliche Gedanken zu formen und in der ersten Region die geistige Substanz, aus der später dein Ich hervorgeht. Gleichzeitig werden in diesen drei Sphären die geistigen Fundamente für deinen zukünftigen Körperbau gelegt.

Die Qualität von all dem wird bestimmt durch die Qualität dessen, was du auf deiner Hinreise als Ertrag deines vergangenen Lebens abgegeben hast.

In der siebten Sphäre der Astral- oder der seelischen Welt, dem

Herzen des Universums, der Region, die eine spezielle Beziehung zu Christus hat, wird das Urbild deines Herzens geformt. In jener Region entsteht auch der erste Kontakt mit dem Vererbungsfeld, in welchem du, womöglich erst Jahrhunderte später, geboren werden wirst.

In der sechsten und fünften Region dieser seelischen Welt wird dein zukünftiges Los weiter geformt, besonders in Bezug auf die spezielle Familie und das Volk, unter dem du geboren werden wirst. Mit dem Eintritt in die vier niederen Regionen der seelischen- oder der Astralwelt werden die entscheidenden Schritte gemacht, um erneut geboren werden zu können. Während sich direkt nach dem Tod in diesen Regionen eine gewaltige Expansion auf dem Gebiet des Bewusstseins vollzieht, ist es nun die Aufgabe der geistigen Wesen, die dort wirken, dein Bewusstsein bis zum Traum-Bewusstsein eines Babys abzuschwächen. Das geschieht während der Periode, da im Mutterschoß der physische Körper für die neue Inkarnation vorbereitet wird.

10

ZWEIMAL AUS DEM PARADIES VERTRIEBEN

Was wir in unserer Zeit erleben, wenn wir durch die Pforte des Todes gegangen sind, ist etwas ganz anderes als das, was wir in früheren Epochen erlebten. Denn auch wenn wir uns nicht mehr daran erinnern, es ist dennoch wahr: Wir sind schon viele Male gestorben und machten also schon öfter den Gang durch den Tod. Aber jedes Mal war jener Gang durch den Tod anders, genau wie das Leben auf Erden anders war als das vorige Mal, da wir auf Erden waren. Am Anfang stand nach unserem Tod die Tür zur Lichtwelt weit offen. Als wir starben, traten wir nahezu direkt in die Lichtwelt ein. Doch je mehr wir heimisch wurden auf Erden und je mehr wir uns folglich mit der Erde verbanden und je mehr wir unser irdisches Ich entwickelten, desto schwieriger wurde die Rückkehr zur Lichtwelt. Schließlich geschah es sogar, dass für viele von uns die Rückkehr zur Lichtwelt unmöglich wurde und wir nach unserem Tod in den geistigen Welten gefangen waren, die zwischen der Lichtwelt und der materiellen Welt liegen – die Astralwelten. Von dort aus inkarnierten wir dann wieder.

Wenn wir verstehen wollen, warum der Weg zur Lichtwelt nach unserem Tod immer schwieriger zu finden und zu beschreiten war, müssen wir zunächst etwas über die Evolution hier auf Erden erklären, die wir als Mensch durchgemacht haben. Die Entwicklung auf Erden hat mit allem zu tun, was wir nach unserem Tod erfuhren und erfahren werden. Wir hoffen, dass Sie die Geduld aufbringen können, zunächst diesen Erläuterungen zu folgen, ehe wir zu unserem Thema zurückkehren – dem Weg des Menschen jenseits des

Todes und die Veränderungen auf diesem Weg durch die geistigen Welten, wie sie sich bis in unsere Zeit vollzogen haben.

Die Bibel ist eigentlich kein Buch und ebenso wenig eine zusammenhängende und durchgehende Geschichte, sondern sie besteht im Grunde aus einer Auswahl äußerst verschiedener Schriften. Die erste jener Schriften, das Buch Genesis, beginnt mit einer eindrucksvollen Beschreibung von der Entstehung der Erde, vom Leben auf Erden und von der Erschaffung des Menschen. Um gleich darauf eine dramatische Schilderung vom Schicksal des ersten Menschenpaares, Adam und Eva, zu geben. In großartiger und die Fantasie erregender Erzählung wird uns geschildert, wie das erste Menschenpaar aus dem Paradies vertrieben wurde. Im Paradies war das Leben noch gut, und Adam und Eva lebten dort in einer absoluten Einheit und Verbundenheit mit Gott. So wie ein junges Kind sich mit der Mutter verbunden weiß, so wussten Adam und Eva, dass sie es mit Gott waren. Doch so wie bei einem neugeborenen Kind die Verbindung mit der Mutter noch unbewusst ist, so war auch für Adam und Eva jene Verbindung mit Gott unbewusst. Erst als sie im Bewusstsein wuchsen, als sie sich ihrer selbst, ihres Ichs, der Welt um sie herum und auch Gottes bewusst waren, wurden sie von Gott getrennt und aus dem Paradies vertrieben. In wenigen kurzen Bildern wird jene »Vertreibung« in der Genesis beschrieben:

Er vertrieb den Menschen und stellte östlich des Gartens von Eden [= das Paradies] die Cherubim [= die Engel] auf und das lodernde Flammenschwert, damit sie den Weg zum Baum des Lebens bewachten. (38)

Nun kannst du diese wunderschöne und bildhafte Geschichte über jenes erste Menschenpaar lesen wie eine Bildgeschichte; in seiner scheinbaren Einfachheit verweist die Geschichte auf die großen geistigen Schicksale, welche die Menschheit durchmachte, seit sie bis auf die Erde hinabstieg. Einst, so will diese Geschichte uns deutlich machen, lebte der Mensch noch in einer absoluten Einheit mit der göttlichen Welt. Aber als die Menschheit einmal »heimisch wurde« auf Erden und sich allmählich seiner selbst bewusst wurde, ging jene Einheit und Verbundenheit mit der göttlichen Welt schrittweise verloren, und der Mensch fühlte sich »wie aus dem Paradies vertrieben«.

Um dieses Geschehen sehr vereinfacht darzustellen, kannst du auch sagen: Am Anfang war die Menschheit (sei es auch auf eine unbewusste Art und Weise) noch hellseherisch, und zwar in dem Maße, dass es jedem Menschen gegeben war, hellseherisch bis in die höheren Lichtwelten zu schauen. Doch Schritt für Schritt wurde jenes Hellsehen verschlossen; so lange, bis wir nicht mehr in der Lage waren, weder hellseherisch die Engel wahrzunehmen noch das strahlende Licht aus der göttlichen Welt oder die absolute Liebe, die aus jener Welt auf uns zu kam, um uns zu umhüllen und zu tragen. Am Ende blieb von jenem Hellsehen nichts anderes übrig als der Traum; unsere Träume sind ein letzter verbliebener Rest von jener alten Fähigkeit des Hellsehens.

Diesen Prozess nun, durch den die geistige Welt schließlich ganz und gar verschlossen wurde, sodass wir »nur noch« die Dinge von der Erde wahrnehmen konnten, hat die Menschheit tatsächlich als eine Vertreibung aus dem Paradies erfahren, als einen Fall aus der bedingungslosen Liebe, die uns aus der göttlichen Welt zuteil wurde. Die Paradiesgeschichte aus der Genesis beschreibt uns bildhaft den Schmerz, die Ohnmacht und das Gefühl, im Stich gelassen zu sein, welche die Menschheit in vergangenen Zeiten, als die letzten Reste des Hellsehens in uns starben, erfahren haben muss.

Beachten Sie, dass das, was ich nun in wenigen Worten beschreibe, ein Prozess ist, der sich in Millionen und Abermillionen von Jahren vollzogen hat. Die Essenz jenes unzählige Jahre umfassenden Prozesses ist Folgendes: Lebte das erste Menschenpaar noch in und mit Gott, waren sie noch ganz und gar eins mit der göttlichen Welt, so wurde jene Verbindung Schritt für Schritt abgebrochen, und der Mensch richtete stattdessen seinen Blick auf die Erde.

Die alten religiösen Traditionen, sowohl die östliche als auch die westlich-christliche Tradition, haben die Einsicht in den Verlauf dieses Prozesses bewahrt und weitergegeben. Sie sprechen über die vier »kosmischen Jahreszeiten«, die vier großen Evolutionsperioden, welche die Menschheit durchmachte, wobei das alte Hellsehen Schritt für Schritt verschlossen wurde und stattdessen ein Bewusstsein für die Erde wuchs.

Nicht allein Platon weiß uns darüber etwas zu berichten, sondern auch die alte persische Tradition, der Mazdaismus, aber auch die Hindu-Tradition und das Buch Daniel. (39) Die Einsicht in den Verlauf jener vier kosmischen Jahreszeiten gehört zur universellen Weisheit, dem universalen Wissen, aus dem alle Religionen erblüht sind. Jene vier kosmischen Jahreszeiten werden das Goldene Zeitalter, das Silberne Zeitalter, die Kupferzeit und die Eisenzeit genannt. In jenen Epochen sehen wir den Abstieg des Menschen aus der geistigen Welt, seine »Evolution« oder seine »Entwicklung«, seinen Weg aus der geistigen Welt widergespiegelt. Außerdem weisen diese Epochen auf die Involution des Menschen hin, auf seine »Einwickelung« in die Welt der Materie.

1. Das erste, das Goldene Zeitalter, wird auch Krita-Yuga oder Satya-Yuga genannt; »Krita« bedeutet vollkommen und »Satya« bedeutet golden.

Du kannst diese Epoche wie folgt charakterisieren:

- Der Mensch beginnt in dieser Epoche mit seinem »Abstieg« zur Erde. War er vor jenem Abstieg noch eins mit Gott, Teil des Wesens Gottes, so steigt der Mensch nun als göttlicher Lichtfunke zur Erde hinab, um dort, bekleidet mit einem physischen Körper, mit seinem Weg durch die Materie zu beginnen. Ein Weg, der Millionen und Abermillionen Jahre und unzählig viele Leben beanspruchen sollte.

- Der Mensch ist in dieser Epoche noch ein Gefährte der geistigen Welt und eins mit ihr. Obwohl er sich nun körperlich auf Erden befindet, befindet er sich im Geiste zum größten Teil noch in der geistigen Welt.

- Der Mensch besitzt daher noch die Fähigkeit, bis in die höheren Lichtwelten zu schauen. Die Engel sind in dieser Epoche gewissermaßen noch die Spielkameraden des Menschen.

- Erkenntnisse und geistige Kräfte strömten regelmäßig aus der geistigen Welt in den Menschen.

- Sah der Mensch auch mit großer Klarheit die verschiedenen geistigen Welten, so sah er, was sich auf Erden befand, nur wie einen Nebel, verschwommen, nicht klar umrissen, vage wie einen Dunst. Auch wenn der Mensch sich nun in einem Körper auf Erden befand, mit seinem Geist hielt er sich im Grunde noch in der geistigen Welt auf. Der Mensch in dieser Epoche »schlief« denn auch größtenteils am Tage. Doch dieser Schlaf war ein Zustand des hellseherischen Schauens in die Lichtwelt. Dagegen war er nur eine kurze Zeit »wach«; doch dieses Wachsein war ein vages, bewusstes Wahrnehmen dessen, was sich auf Erden in einer Sphäre des Dunstes und des Nebels befand.

- Der Tod bedeutete im Goldenen Zeitalter denn auch nichts anderes als das Lösen der Bindung an den Körper und die Rückkehr zur geistigen Welt, der Lichtwelt, wo der Mensch während seines Lebens auf Erden schon so oft und so lange, während des Schlafs, verweilte.

- Der Mensch konnte noch nicht auf eigenen Beinen stehen, sondern er war abhängig von den Engeln, vom Zustrom und der Führung aus der geistigen Welt. Du könntest diese Epoche denn auch das Zeitalter der wahren Religion nennen; Religion bedeutet schließlich »Verbundenheit«: die Verbundenheit mit der geistigen Welt. Eine Religion oder Konfession, wie wir sie kennen, gab es zu jener Zeit nicht; denn der Mensch lebte in Verbundenheit und brauchte folglich keine Theorie darüber. Wer religiös, »verbunden« lebt, braucht keine Religion!

- Der Mensch in dieser Epoche war noch weise, lauter und liebevoll, und das Böse hatte noch keinen Platz auf Erden oder im Menschen.

- Der Mensch verursachte denn auch noch kein Karma, das im Kama-Loka überdacht und in einem folgenden Leben auf Erden ausgearbeitet werden musste. Das Leben im Goldenen Zeitalter war denn auch wirklich eine Epoche des Friedens und der Liebe auf Erden.

2. Die zweite große Evolutionsepoche ist das Silberne Zeitalter, auch Treta-Yuga genannt. (40)
Wir dürfen diese Epoche wie folgt charakterisieren:

- Der Mensch bekam nun bei seinem Aufenthalt auf Erden nicht allein einen physischen Leib, sondern auch einen Ätherleib zugeteilt. Diese Ausformung des Ätherleibs wird in der biblischen Bildgeschichte aus Genesis in der Erzählung wiedergegeben, dass Gott eine Figur aus Lehm machte und anschließend jene Figur »beatmete«. Da formte Gott, der Herr, den Menschen aus Erde vom Ackerboden und blies in seine Nase den Lebensatem. So wurde der Mensch zu einem lebendigen Wesen. [(41)]

- Im Goldenen Zeitalter konnte der Mensch bis in die geistigen Welten der Engel und in die noch höheren Regionen der Erzengel und der Urkräfte schauen. Im Silbernen Zeitalter schließt sich die Welt der Urkräfte für den Menschen, und er kann nur noch bis in die Sphären der Engel und der Erzengel schauen. Mit diesen drei Bezeichnungen, den Engeln, den Erzengeln und den Urkräften, werden drei stets höhere Engelsphären oder Gedankenwesen angedeutet. Die höchste jener Sphären, die der Urkräfte, wird nun verschlossen für den Menschen.
  Dagegen fängt auf Erden etwas an, sich aus dem Dunst und dem Nebel zu lösen und sich dem Menschen deutlich(er) sichtbar zu machen: In dieser Epoche sind es die Tiere, die für den Menschen anfangen, ein Licht zu offenbaren.
  Wir sehen also, dass eine Verschiebung eintritt: In der geistigen Welt schließt sich etwas, dagegen wird auf Erden etwas zugänglich, nämlich sichtbar und erfahrbar.
  Mit dieser »Verschiebung« – dem »Sichschließen« der Welt der Urkräfte und dem Sichtbarwerden der Tierwelt auf Erden – sind allerlei große Geheimnisse verbunden. Im Rahmen dieses Buches können wir darauf nicht weiter eingehen. Für unser Thema ist es wichtig, die Verschiebung bei der fortschreitenden Evolution des Menschen zu erfassen. Langsam aber sicher verliert der Mensch die Bindung mit der geistigen Welt und fängt an, sich schrittweise auf Erden heimisch zu fühlen.

- Der Zustrom an Willensimpulsen aus der geistigen Welt beginnt schwächer zu werden und lässt nach, sodass der Mensch lernen muss, den eigenen Willen einzusetzen und zu gebrauchen. Damit kommt auf Erden auch das erste Böse auf, denn der Mensch hat nun zwar die Disposition über die ersten eigenen Willensimpulse, doch er hat noch (lange) nicht das Bewusstsein, um diese in Übereinstimmung mit der kosmischen Liebe und dem kosmischen Willen zu gebrauchen.

- Das bedeutet, dass der Mensch nach seinem Tod zum ersten Mal mit den Folgen seines Handelns auf Erden konfrontiert wird – mit seinem Karma. Außerdem kann er nach dem Tod nicht bewusst bis in die Welt der Urkräfte aufsteigen, weil er das Bewusstsein über jene Welt und durch sein Karma auch die Reinheit verloren hat, um bis in jene Welt aufsteigen zu können.

- Im Silbernen Zeitalter erinnert sich der Mensch an die Zeit vor seiner Geburt als Mensch auf Erden, als er noch eins war mit der göttlichen Welt. Was im Goldenen Zeitalter noch zeitlos war, ein ewiges Jetzt, wird im Silbernen Zeitalter zur Erinnerung. Es ist hierbei die Rede von einem Verlust, aber auch von einem Geschenk. Denn die Erinnerung ist Voraussetzung für die Entwicklung des »Ichs«, die in einer folgenden Epoche beginnt.

3. Die dritte große Evolutionsepoche wird die Kupferzeit oder Dvapara-Yuga genannt. *Dvapara* bedeutet Ungewissheit: In dieser dritten Epoche verliert der Mensch mehr und mehr das Bewusstsein über seine göttliche Herkunft und sein geistiges Zuhause; wenn dieses Bewusstsein auch noch nicht gänzlich verschlossen und vergessen wird.

In dieser Epoche erhält der Mensch seinen Astralleib und macht sich diesen schrittweise zu Eigen. Dadurch wird es dem Menschen möglich, noch mehr heimisch zu werden in der Welt der Materie. Das bedeutet gleichzeitig auch, dass der göttliche Kern im Menschen nun mit drei Körpern bekleidet und immer weniger imstande ist, seine großen geistigen Kräfte durch die verschiedenen Hüllen nach außen hin leuchten zu lassen.
Die Merkmale dieser Epoche sind folgende:

- Das alte Hellsehen wird immer ungenauer; der Mensch kann nun nicht länger bis in die Welt der Erzengel schauen, sondern »lediglich« noch bis in das Reich der Engel.

- Auf Erden beginnt nun auch das Pflanzenreich aus dem Dunst und dem Nebel aufzutauchen, klar umrissen und deutlich. Das Interesse des Menschen verschiebt sich noch weiter von der geistigen Welt zur Erde.

- Der Mensch steht nun auf der Grenze zwischen zwei Welten – der geistigen Welt und der Welt der Materie.

- Das Böse nimmt zu, Weisheit, Reinheit und die innere Ausrichtung auf die Welt des Guten gehen mehr und mehr verloren. Das Verständnis von der richtigen Lebenseinstellung in Übereinstimmung mit den göttlichen Gesetzen nimmt ab, Egoismus beginnt den Platz jener alten Weisheit einzunehmen.

- Das Karma, welches der Mensch somit während seines Lebens auf Erden auf sich lädt, wird immer umfangreicher; dadurch dauert, nach dem Tod, sein Aufenthalt in der Astralwelt länger. Denn zunächst muss der Mensch dort, im Kama-Loka, zur Einsicht und zur Läuterung kommen. Überdies kann der Mensch, wenn er nach seinem Tod einmal durch die Astralwelt hindurchgegangen ist, nicht weiter als bis in die Engelwelt aufsteigen; die höheren geistigen Welten bleiben ihm verschlossen. Ihm fehlt das Bewusstsein für diese Welten und die Reinheit und Größe des Geistes, um in diese Welten eingehen zu können und dort neue Kräfte zu erwerben.

4. Die vierte große Evolutionsepoche ist die Eisenzeit oder Kali-Yuga. Sie ist die dunkelste Epoche auf Erden, in welcher die Menschheit einen Tiefpunkt erreicht. Während dieser Epoche erwacht das »Ich« im Menschen, und zwar zunächst in seiner niederen Ego-Form. Diese Epoche beginnt für uns ungefähr 3000 Jahre vor Christus. In der Gegenwart geht sie zu Ende, und wir erfahren den Beginn einer neuen Epoche.
Die Eisenzeit lässt sich in groben Zügen wie folgt charakterisieren:

- Während dieser Epoche werden die Pforten der geistigen Welt geschlossen; es ist dem Menschen nicht länger vergönnt, hellseherisch bis in die geistigen Welten zu schauen, selbst nicht bis ins Reich der Engel. Nun weiß, doch vor allem fühlt sich der Mensch aus dem Paradies vertrieben. Nur Einzelnen ist es am Anfang, zu Beginn der Eisenzeit, noch vergönnt, über den Weg der Einweihung bis in die geistige Welt aufzusteigen. Doch letztendlich, zu Beginn unserer Zeitrechnung, stirbt auch diese Möglichkeit aus.

- Der Mensch fühlt sich nun heimisch auf Erden, er wähnt sich als »Erdenmensch« und vergisst, dass er eigentlich aus der geistigen Welt stammt und ein geistiges Wesen ist. Die Mineralwelt, das Letzte, was für den Menschen noch nicht klar und deutlich wahrnehmbar war, tritt nun scharf umrissen zutage und beginnt einen Teil der Erlebniswelt des Menschen auszumachen.

- Das Böse nimmt jetzt überhand, da der Mensch die geistige Welt vergisst und sein Ego der Maßstab seines Handelns in der Welt wird. Eigennutz, Eigensinnigkeit und Eigendünkel nehmen den Platz der geistigen Werte und der kosmischen Liebe ein, aus denen heraus der Mensch früher lebte.

- Gegen Ende der Eisenzeit ist sogar fast jedes Wissen um die geistige Welt verloren gegangen. Immer mehr Menschen denken und glauben, dass die sichtbare Welt, die Erde, die einzige ist, die existiert. Für viele bedeutet das denn auch, dass der Tod das definitive Ende des Lebens ist. Die Phrase »Gott ist tot« kehrt ein, und sie zieht immer mehr Menschen in ihren Bann.

- Der Mensch wird somit ein Gefangener der physischen Welt. Aber gerade so, ganz sich selbst überlassen, erwacht im Menschen die »Ich-Kraft«. Er muss nun in sich selbst die Kräfte finden, um sich in dieser Welt zu behaupten und zu überleben. Das bedeutet, dass der Mensch in dieser Epoche an der Schwelle der geistigen Reife steht.

- Je weiter wir in der Eisenzeit im Materiellen versinken, desto schwieriger wird es nach unserem Tod, die Engelwelt zu betreten. Wir haben das Bewusstsein für jene Welt verloren, und außerdem macht das angehäufte Karma uns so unrein, dass wir auch dadurch jene Welt nicht länger betreten können. So werden wir nach unserem Tod zu Gefangenen der Astralwelt. Und viele von uns verbleiben zwischen unseren Leben auf Erden in der niederen Astralwelt. Nun vollzieht sich der Fall aus dem Paradies also auch in der geistigen Welt, nach unserem Tod: Zum zweiten Mal wird der Mensch aus dem Paradies vertrieben.

- Die Eisenzeit, und ganz bestimmt das Ende jener Epoche, ist die dunkelste Periode für den Menschen. Es ist die Periode, in der das ganze, in früheren Epochen angehäufte Karma zur Auflösung kommt, verarbeitet und transformiert werden muss. Aber gleichzeitig ist es auch der große Übergang zu einem neuen Goldenen Zeitalter, einer Epoche des Friedens und der wahrhaftigen Liebe, was einst, in der Zukunft, Realität werden wird.

- In unserer Zeit erleben wir auf Erden den großen Übergang zu jener neuen Epoche. Doch die Nacht ist am dunkelsten in der letzten Stunde, ehe das erste Morgenlicht durchbricht. Und die letzten Wehen, die Presswehen, sind die schlimmsten von der ganzen Geburt. So ist diese Zeit, in der wir leben, eine Zeit des Übergangs. Sie ist einerseits eine Zeit der Hoffnung, andererseits eine Zeit der zunehmenden Schwierigkeiten, des Krieges, der Gewalt, der Kriminalität, der Naturkatastrophen und ähnlicher Geschehnisse.

Gegenwärtig geschieht etwas ganz Besonderes, und wir hoffen, dass wir es richtig erklären können! Denn bis jetzt war es so, dass die Art und Weise, wie wir hier auf Erden lebten und uns nach und nach mit der Welt der Materie verbanden, Folgen hatte für das, was wir nach unserem Tod erlebten. Je mehr wir unsere früheren hellseherischen Fähigkeiten verloren und heimisch wurden auf Erden, desto schwieriger wurde es für uns, nach unserem Tod bis in die höheren geistigen Welten aufzusteigen. Das Leben auf Erden hatte Konsequenzen für das Leben nach unserem Tod. Dem Fall aus dem Paradies auf Erden folgte ein Fall aus der höheren Lichtwelt, dem Paradies nach unserem Tod.

Doch in unserer Zeit sind die Rollen umgekehrt. Nun geschieht erst etwas in der geistigen Welt, was dann anschließend seine Auswirkung auf unser Leben auf Erden hat. Denn als immer mehr Menschen gegen Ende der Eisenzeit nach ihrem Tod in der Astralwelt »festsaßen« und nicht weiter bis in die höheren geistigen Welten »aufsteigen« konnten, ist etwas geschehen, wodurch der Durchlass von der Astralwelt zur höheren Lichtwelt wieder geöffnet wurde. Jenes Ereignis – dem das folgende Kapitel gewidmet sein wird – ist für alles Leben auf Erden von unerhörter Bedeutung geworden! Der Durchlass wurde geöffnet, und viele konnten zum ersten Mal seit langer Zeit nach ihrem Tod wieder aufsteigen bis in die Lichtwelten. Sie nahmen von dort bei einem folgenden Leben auf Erden neue geistige Kräfte mit, die dazu beitragen werden, auch hier auf Erden die Wende aus der tiefsten Finsternis der Eisenzeit zu einem neuen Goldenen Zeitalter möglich zu machen. Nun wird also erst etwas in der geistigen Welt bewirkt, was sich anschließend auf das Leben auf Erden auswirkt!

Ganz konkret bedeutet all das, dass auch wir nun aus der Lichtwelt in dieses Leben auf Erden gelangt sind und nun die Erinnerung an jene Welt und an ihre hohen Kräfte unbewusst mit uns tragen. Wir dürfen in diesem Leben versuchen, etwas von jenen höheren Kräften – kosmische Liebe, Weisheit und Wissen – in das Leben auf Erden einzubringen. Wenn wir das tun, tragen wir in unserem eigenen Leben dazu bei, die große Wende, die bevorsteht, ja die eigentlich schon begonnen hat, möglich zu machen.

Aus dem Gesagten wird eins deutlich. Wenn wir in groben Umrissen übersehen, was immer wieder geschah, nachdem wir ein Leben auf Erden vollendet und vollbracht hatten, dann sehen wir, dass wir anfangs noch nach unserem Tod bis in die höheren geistigen Welten »aufstiegen«. Doch je mehr wir auf Erden heimisch wurden, desto weniger weit konnten wir nach unserem Tod in jene Welten gelangen. Bis wir schließlich nicht mehr imstande waren, nach unserem Tod die höheren geistigen Welten zu betreten und »gefangen« blieben in der Astralwelt.

Gegenwärtig, in der großen Zeitenwende, werden wir miterleben dürfen, wie wir nach unserem Tod Schritt für Schritt wieder weiter aufsteigen werden in die höheren geistigen Welten, um in einem folgenden Leben die hohen Kräfte aus jener Welt in die Sphäre der Erde hineinzutragen. Indem wir nach unserem Tod immer wieder die höheren geistigen Welten betreten dürfen, wird es möglich, mit Hilfe der Kräfte aus jenen Welten auch die Welt aus der tiefsten Finsternis zu erlösen.

Der große Wendepunkt, wodurch sich der Zugang zu den höheren geistigen Welten abermals für uns öffnete und wodurch es möglich wurde, die Welt aus der Finsternis zu heben, ist bewirkt worden durch Jesus, welcher der Christus wurde!

11

DIE ERNEUERUNG DURCH JESUS CHRISTUS

Das Leben nach dem Tod vor der Ankunft Christi

Nicht allein das Neue Testament und viele alte Legenden, sondern auch eine Anzahl apokrypher Evangelien berichten, dass Jesus Christus nach seinem Kreuzestod auf Golgatha in das Totenreich einging und die dort verbliebenen Gestorbenen auferweckte und erlöste.

Das apokryphe Evangelium nach Nikodemus lässt einen jener Gestorbenen zu Wort kommen. Dieser berichtet, dass in der Nacht von Karfreitag auf Karsamstag in der Unterwelt, wie das Totenreich auch genannt wird, Folgendes geschah:

»Wir alle, die wir von Anbeginn damals entschlafen waren, befanden uns also in der Unterwelt. Doch in der Stunde um Mitternacht drang in die Finsternis ein Licht, als wäre es die Sonne; und es strahlte, und wir alle wurden damit beschienen und wir sahen einander.« (42)

Der Zustand, in dem die Gestorbenen sich befanden, bevor Jesus Christus das Totenreich, das heißt die niedere Astralwelt, betrat, war der einer düsteren Finsternis. Das kam dadurch, weil sich die Seelen der Menschen durch die Entwicklung – welche wir im vorigen Kapitel beschrieben haben – so verfinstert hatten, dass das Licht der göttlichen Welt sie nicht mehr erreichen konnte. Auch konnten die Toten einander nicht mehr sehen. Im Totenreich herrschte eine Atmosphäre der finsteren, trostlosen Einsamkeit, in der die Gestorbenen ein düsteres und aussichtsloses Dasein fristeten.

Die griechische Mythologie erzählt, dass Odysseus während einer seiner Abenteuer Achilles, den großen griechischen Helden, um Hilfe anruft. Achilles war schon vor einiger Zeit gestorben und lebte im Hades, wie das Totenreich im alten Griechenland genannt wurde. Es zeigt sich, dass er dort festsitzt. Achilles berichtet, dass der Aufenthalt im Hades so schrecklich ist, dass er, wenn er die Wahl hätte, noch lieber auf Erden ein Höriger im Hause eines Mannes ohne Land sein wollte – und somit allerlei Entbehrungen ertragen müsste –, als König zu sein über alle Toten, die keine Zukunft haben. (43) So schlimm war in den Jahrhunderten vor der Ankunft Christi auf Erden der Zustand nach dem Tode.

Durch die düstere Finsternis, in der sich die Gestorbenen befanden, konnten sie nicht bloß einander nicht erreichen, sondern auch der Kontakt mit den Lebenden auf Erden war unmöglich geworden.

Das Vorhergehende zeigt, dass die Entwicklung der Menschen auf Erden in der Eisenzeit fast zum Stillstand gekommen war. Nach dem Tod konnten die Gestorbenen nicht mehr zur höheren Lichtwelt aufsteigen und folglich auch keine neuen Kräfte und neue Inspirationen für ihr folgendes Leben auf Erden mehr gewinnen. Die Folge war, dass die Entwicklung stagnierte und die Menschen körperlich und seelisch immer mehr verfielen. Außerdem gerieten sie durch die stets tiefere Inkarnation in die Welt der Materie immer stärker unter den Einfluss der Mächte der Finsternis. Dadurch wurden ihre Körper so schwach, dass die Menschen in nicht allzu ferner Zukunft nicht mehr hätten auf Erden inkarnieren und sich somit nicht mehr weiterentwickeln können. Auch die Seelen der Menschen drohten – da sie immer geistloser und leerer wurden – in zunehmendem Maße in die Gewalt der Dämonen zu geraten, die etwas anderes mit der Menschheit vorhatten als die göttlichen Mächte. Dies hätte den Untergang der Menschen in den moralischen Verfall bedeutet. Es war deutlich, dass das Ende der Menschheit nahe sein würde, wenn nichts geschah.

Die Ankunft Christi auf Erden und ihre Folgen

In jener Zeit der tiefen Finsternis, in der die Zukunft der Menschheit und ihre weitere Entwicklung auf dem Spiel steht, geschieht das größte Ereignis aller Zeiten. Aus den höchsten Höhen der göttlichen Welt sinkt der Christus-Geist auf die Erde herab und verbindet sich während der Taufe im Jordan mit Jesus von Nazareth. So wird Jesus von Nazareth zu Jesus Christus. (44) Drei Jahre später wird Jesus Christus auf Golgatha gekreuzigt und stirbt. In den darauf folgenden Tagen überwindet er jedoch den Tod und erscheint seinen Jüngern in einem neuen Leib. Durch diese Tat machte der Christus-Geist für die Menschen den Weg zu den göttlichen Lichtwelten wieder frei. Das wurde möglich, weil sich der Christus-Geist mit seinem ganzen Wesen mit der Welt und den Menschen verband. Als am Kreuz das Blut Jesu Christi aus den Wunden in die Erde fließt, strömt mit jenem Blut die Christus-Kraft in die Schöpfung und durchtränkt die ganze physische-, die Äther- und die Astralwelt mit seiner göttlichen, Tod und Materie überwindenden Energie. Damit bringt er lebens-erneuernde und -stärkende Kräfte in diese Regionen, und gleichzeitig verbindet er damit die gesamte Schöpfung in einer neuen Weise mit der göttlichen Welt. Für uns Menschen bedeutet dies, dass von dem Augenblick an in unserem physischen-, unserem Äther- und unserem Astralleib die Christus-Kraft auflebt. Und als sich während des Pfingstgeschehens der Christus-Geist in die Herzen und Seelen der Menschen einsenkt, werden sie auch innerlich in einer neuen Weise mit dem göttlichen Geist in ihnen verbunden. Weil der Christus-Geist von jenem Augenblick an in ihrem Herzen lebt, entsteht eine neue Verbindung zwischen ihrem gewöhnlichen Ich, ihrem Ego und ihrem höheren geistigen Selbst, dem göttlichen Kern in ihrem Inneren. Die neue Verbindung mit dem Göttlichen in uns ermöglicht es von da an dem Menschen, einen geistigen Entwicklungsweg zu gehen, der ihn Schritt für Schritt wieder zu den höheren Lichtwelten führt.

Es zeigt sich, dass die Kraft des Christus-Geistes stärker ist als die Macht der Finsternis, und auch stärker als die Macht des Todes. Das können wir auch daran sehen, dass Jesus Christus nach seinem Tod nicht bleibend im Totenreich, der niederen Astralwelt, festsitzt, wie es bei den meisten Gestorbenen vor ihm der Fall war. Im Gegenteil. Anstatt in der Finsternis unterzugehen, bringt er Licht und Bewusstsein dorthin und erweckt damit die Gestorbenen, die dort verbleiben mussten, und befreit sie aus ihrer Gefangenschaft.

Das Evangelium nach Nikodemus schildert anschaulich, wie Jesus Christus, der König der Ehre, wie er in jenem Evangelium genannt wird, im Totenreich vorgeht. Als er nach seinem Tod zur Unterwelt kommt, gebieten Engel, die zu Jesus Christus gehören, sowohl Satan, dem Fürsten der Finsternis, als auch dem Fürsten der Unterwelt (dem Tod), die Pforten zu öffnen, auf dass das göttliche Licht, der König der Ehre, eintreten kann. Der Fürst der Finsternis und der Fürst der Unterwelt wollen das nicht, denn sie wissen, dass ihre Macht dann gebrochen wird. Statt die Pforten zu öffnen, werden diese noch fester verriegelt. Darauf, so schildert das Evangelium, zertrümmern die Engel des Herrn die kupfernen Pforten und zerschmettern die eisernen Riegel. Damit werden die gefesselten Toten von ihren Banden erlöst. Das Evangelium nach Nikodemus fährt dann fort:

»Und der König der Ehre trat ein, ebenso wie ein Mensch, und die ganze Finsternis der Hölle erfüllte sich mit Licht.« [45]

»Der König der Ehre ergreift den Fürsten der Fürsten, Satan, übergibt ihn den Engeln und sagt: Legt ihn in eiserne Fesseln, Hände und Füße, Hals und Mund.

Dann übergibt er ihn dem Fürsten der Unterwelt und sagt:

Nimm ihn und verwahre ihn sicher bis zu meiner zweiten Wiederkehr.

Darauf erweckt der König der Ehre die anwesenden Gestorbenen, ruft sie auf, mit ihm zu kommen, führt sie alle nach draußen und nimmt sie mit zum Paradies.« [(46)]

Genau wie alle anderen Evangelien, beschreibt das Evangelium nach Nikodemus nicht allein eine geistige Realität, sondern es sagt denjenigen, die »Ohren haben, um zu hören«, die also die Sprache der Mysterien verstehen, noch andere verborgene Wahrheiten. Eine jener Wahrheiten ist, dass der Christus-Geist – durch seinen Einzug in das Totenreich – die Abgeschlossenheit der göttlichen Welt rückgängig macht. Das Zertrümmern der kupfernen Pforten und das Zerschmettern der eisernen Riegel will heißen, dass der Christus-Geist in dem Augenblick die Pforten zu den höheren Regionen der geistigen Welt – den höheren Himmelswelten –, die während der Kupfer- und Eisenzeit geschlossen wurden, wieder öffnet. Die gestorbenen Menschenseelen können nun mit ihm, beschienen von seinem Licht, ihren Weg zum Paradies, das heißt zu den höheren Lichtwelten, fortsetzen, und sich dadurch weiterentwickeln.

Das Licht, welches der Christus-Geist in die Finsternis des Totenreiches bringt, führt dazu, dass die Gestorbenen einander wiedersehen und erleben können. Das zeigt sich in dem hiervor zitierten Text: » … in der Stunde um Mitternacht drang in die

Finsternis ein Licht, als wäre es die Sonne; und es strahlte, und wir alle wurden damit beschienen und wir sahen einander.« Das Menschen vereinigende Christus-Licht verbindet die Menschen in einer neuen Weise miteinander. Nach den Geschehnissen auf Golgatha ist das überall, wo er wirksam ist, der Fall: Sowohl unter den Gestorbenen in der geistigen Welt, als auch unter den Menschen auf Erden, als auch unter denjenigen, die auf Erden zurückbleiben und denen, die durch die Pforte des Todes gegangen sind.

Als wir, die Autoren, uns zum ersten Mal wirklich bewusst sein durften, wie entscheidend und umfassend der Gang Jesu Christi durch das Totenreich gewesen ist, öffnete sich für uns eine ganz neue Welt. Auch jetzt noch leben wir tagtäglich aus dieser neuen Wirklichkeit heraus.

Die Wirkung Jesu Christi im Leben nach dem Tode

Eine der Fragen, die viele Menschen beschäftigt, ist: Werde ich im Leben nach dem Tode Jesus Christus begegnen? Ist darüber etwas bekannt, und gibt es darüber etwas zu sagen?

Es war vor allem Rudolf Steiner, der viel darüber gesprochen hat. Wir beziehen uns daher hier auch auf seine Kenntnisse und Einsichten. Er zeigte – immer wieder in einer anderen Art und Weise und aus einem anderen Blickwinkel –, dass Jesus Christus uns im Leben nach dem Tod durch die verschiedenen Regionen zu den höheren Lichtwelten begleitet und führt. Er schildert, dass wir nach dem Tod in der warmen Umhüllung seines Liebeslichtes auf unser vergangenes Leben zurückblicken.

Wie wir bereits sahen, ist bei den Menschen, die eine Nah-Tod-Erfahrung hatten, die Rede von einem Wesen des Lichts, das Liebe ausstrahlt. Wer ist jenes Wesen des Lichts? Ein Engel? Ein noch höheres geistiges Wesen? Jesus Christus persönlich?

Diese Frage lässt sich am besten angehen, wenn wir zunächst

kurz zum Zustand im Totenreich zurückkehren, kurz bevor der Christus-Geist auf die Erde kam, und anschließend den Erfahrungen derer lauschen, die durch eine Nah-Tod-Erfahrung gegangen sind und darüber berichteten.

In den Zeiten, bevor der Christus-Geist auf die Erde herabsank, kamen die Gestorbenen nicht weiter als bis zur »Unterwelt«, den niederen Regionen der Astralwelt. Wir sahen, dass jene Welt »düster, nebelhaft und finster« war. Darum wird sie wahrscheinlich auch »die Hölle« genannt. In jenem Zustand, in dem die geistigen Lichtwesen die Gestorbenen nicht erreichen und ihnen folglich keine neuen Kräfte schenken konnten, war das Bewusstsein der Verstorbenen abgestumpft. Es war nicht bloß abgestumpft, es nahm auch immer weiter ab. Es war nur eine Frage der Zeit, bis der Punkt erreicht sein würde, da die Menschen beim Eintritt des Todes all ihr Bewusstsein verlieren würden, also während des Sterbens in einen Zustand der Bewusstlosigkeit versinken und daraus nicht mehr erwachen würden. Damit würden wir Menschen nicht allein die Verbindung mit der Welt des Geistes verlieren, sondern auch unsere Unsterblichkeit. Unsterblichkeit will schließlich heißen, dass das Bewusstsein nach dem Tode fortbesteht.

Die Ankunft Christi auf Erden, seine Überwindung des Todes und seine Verbindung mit uns Menschen brachte jedoch eine Veränderung in diesen Zustand. Weil der Christus-Geist seit Golgatha in uns lebt, trägt er uns durch den Tod hindurch, und wir erhalten nach dem Tode das Bewusstsein wieder. [47] Das geschieht nicht immer für jedermann direkt nach dem Übergang, doch nach einer kurzen oder längeren Zeit der Dunkelheit oder der Finsternis wird es nach dem Tode in uns und um uns herum wieder licht.

Indem der Christus-Geist in uns lebt, kann jenes neue Bewusstsein sich im Leben nach dem Tod immer weiter entwickeln – bis hin zu den höchsten Lichtwelten. Eigentlich sind dem Wachstum unseres Bewusstseins keinerlei Grenzen gesetzt. Unser Geist ist schließlich göttlichen Ursprungs. Entwickelt sich dieser in uns, so öffnen sich uns immer höhere Regionen. Immer und ewig. Das ist es, was mit Unsterblichkeit gemeint wird.

Nach dem Tod erhalten wir nicht allein ein erneuertes Bewusstsein wieder, sondern auch Selbstbewusstsein. Es zeigt sich, dass wir durch die Wirkung des Christus-Geistes in uns im Leben nach dem Tod unser individuelles, persönliches Bewusstsein behalten. Zugleich erfahren wir uns dort – im Gegensatz zum Leben auf Erden – als eins miteinander. Außerdem erhalten wir im Leben nach dem Tod auch Einsicht in uns selbst, in andere Menschen, in die Geschehnisse, die wir während unseres Lebens auf Erden erlebten und in die Beziehung, die wir zu all dem hatten. Den Umstand, dass wir im Jenseits – sowohl in der Ätherwelt kurz nach dem Tod als auch in der Astralwelt – auf unser Leben zurückblicken und daraus lernen, haben wir also der Wirkung des Christus-Geistes in uns zu verdanken. Er macht es möglich, dass wir in einer Atmosphäre von Licht und Liebe zurückblicken auf unser Leben, es erneut erleben, Einsicht darin gewinnen, es verstehen und schließlich die Bilanz ziehen können, was gut war und was des Ausgleichs bedarf. Durch ihn können wir auch immer mehr die Bedeutung des Lebens auf Erden erfassen, die Beziehung zwischen der göttlichen Welt und den Menschen, die Gesetze des Universums und das Ziel, zu welchem die Menschheit auf dem Wege ist.

Das Lichtwesen und Jesus Christus

Wie begegnen wir Jesus Christus nach unserem Tod? Spannend ist, dass das Lichtwesen, über das Menschen in einer Nah-Tod-Erfahrung sprechen, allerlei Merkmale aufweist, die auch Jesus Christus zu Eigen sind. Bevor wir darauf weiter eingehen, wollen wir jedoch zunächst noch etwas anderes aufzeigen.

Was geschieht, wenn wir gestorben sind? Wissenschaftler, die

die Erfahrungen von Menschen untersuchten, die klinisch tot waren und für einige Zeit im Jenseits weilten, kamen zu der Schlussfolgerung, dass Menschen nach dem Sterben eine Anzahl von Stadien durchlaufen. Jene Stadien zeigen einen Weg. Die Forscher betonten nachdrücklich, dass sich jede Nah-Tod-Erfahrung von der anderen unterscheidet, doch dass dennoch in jeder von ihnen Elemente wiederzufinden sind, die auch bei den anderen vorkommen. Der Weg beginnt mit dem Sichlösen aus dem physischen Körper und durchläuft folgende Phasen:

1. Die Person steigt aus ihrem Körper auf.
2. Sie befindet sich in einer finsteren Leere.
3. Sie schwebt mit großer Geschwindigkeit durch einen Tunnel.
4. Sie sieht und kommuniziert mit gestorbenen Verwandten oder Bekannten (ein Stadium, welches zu verschiedenen Momenten vorkommen kann).
5. Sie bewegt sich in Richtung eines hellen Lichtes, das immer größer wird, bis sie darin aufgenommen wird.
6. Sie begegnet einem Lichtwesen mit einer überwältigenden, absoluten Liebe und absoluter Weisheit.
7. Das Lichtwesen fragt sie, was sie aus ihrem Leben gemacht hat.
8. Die Person unterzieht sich einem Rückblick auf ihr Leben, bestimmte Geschehnisse aus ihrem Leben werden wieder aufgerufen, und sie erfährt am eigenen Leibe, welche Auswirkungen ihre Taten auf andere Menschen hatten.
9. Sie wird aufgenommen vom Licht und erfährt absolute Liebe und Weisheit.
10. Sie geht durch das Licht hindurch und sieht kristallene, unfassbar leuchtende Städte, in denen Menschen wohnen.
11. Dann erhält sie die Wahl, zurückzukehren oder zu blei-

ben, wobei das Lichtwesen betont, dass sie ihre Aufgabe im Leben noch nicht vollbracht hat oder ihre Lieben sie noch vermissen.

12. Sie kehrt zurück und durchläuft in beschleunigtem Tempo und in umgekehrter Reihenfolge denselben Prozess, bis sie sich plötzlich wieder in ihrem Körper befindet. [48]

Für die Frage, wie wir Jesus Christus im Leben nach dem Tode begegnen, sind natürlich vor allem die ersten zehn Phasen von Bedeutsamkeit. Ehe wir uns mit der Beziehung zwischen dem Lichtwesen und Jesus Christus beschäftigen, wollen wir zunächst eine Anzahl an Erfahrungen aus den ersten zehn Phasen von Menschen schildern, die eine Nah-Tod-Erfahrung hatten.

Eine Frau mittleren Alters, Elaine Winner, ‘starb’ infolge einer Anzahl aufeinander folgender Schlaganfälle und hatte eine Nah-Tod-Erfahrung. Kurz zuvor hatte sie in ihrem Zimmer auf der Intensivstation des Krankenhauses, wo sie lag, von einem Pfarrer die Sterbesakramente empfangen. Sie erzählt, wie sie fühlt, dass sie während ihres Sterbens aus ihrem Körper gehoben wird und eine finstere Leere betritt. Bald darauf spürt sie, dass sie sich durch einen langen Tunnel bewegt und sich allmählich einem immer größer werdenden Licht nähert, das sich am Ende des Tunnels befindet. Elaine Winner fährt fort:

»Das ist nicht dieselbe Art Licht, wie wir es hier haben. Es ist heller. Es war ein sehr beruhigendes Licht, und ich fühlte, wie ich mich dorthin bewegte. Ich war mir keines physischen Körpers bewusst, und ich sauste mit einer unglaublichen Geschwindigkeit darauf zu. Ich hatte das Gefühl: Durch Mich wirst du das ewige Leben haben.« [49]

Was geschah hier? Genau wie bei den meisten anderen Menschen, die eine Nah-Tod-Erfahrung mitmachten, wird es auch bei ihr kurz nach dem Sterben zunächst dunkel. Sie geht durch eine finstere Leere und einen dunklen Tunnel, und dann erst wird es licht. Das weist darauf hin, dass wir während des Sterbens oder danach durch Regionen in der geistigen Welt gehen, wo kein Licht ist, sondern Finsternis. Es zeigt sich, dass wir uns nach dem Tod mitunter schnell dessen bewusst sind, was geschieht. Wäre das nicht der Fall, dann würden diejenigen, die darüber berichteten, sich keines dieser Ereignisse erinnern. Andere berichten, dass es kurz nach dem Sterben »nebelhaft« wird. In jenem nebelhaften Zustand werden die Gestorbenen von einer Lichtquelle angezogen. Manche sagen, dass »der Nebel« plötzlich von einer Lichtquelle durchstrahlt wird. Es ist somit die Quelle des Lichts, welche die Finsternis vertreibt. Sie ist auch ein direkter Orientierungspunkt. Alle Menschen mit einer Nah-Tod-Erfahrung, die jenem Lichtwesen begegnen, richten sich danach.

Wenn wir diese Erfahrung in die Perspektive dessen stellen, was wir zuvor über die Wirkung Jesu Christi im Leben nach dem Tode besprachen, dann sehen wir, dass diese in groben Zügen miteinander übereinstimmen. Die Dunkelheit oder Finsternis, die nach dem Sterben eintritt, wird von einer Lichtquelle durchstrahlt und vertrieben, die sich auch in der geistigen Welt befindet.

Ehe diejenigen, die 'starben', bei dem Licht ankommen, haben sie meistens schon erkannt, dass sie gestorben sind. Gleichzeitig werden sie sich dessen bewusst, dass sie leben!

Elaine Winner dazu:

»Im Bruchteil weniger Sekunden erkannte ich, dass es so etwas wie den Tod nicht gibt. Der Tod, wie wir ihn sehen, ist der Tod des physischen Körpers. Dein innerer Teil, der Geist, die Seele, stirbt niemals, der lebt fort.« [(50)]

Ist es nicht auffallend, wie stark das Bewusstsein hier bereits ist, so kurz nach dem Tod? Viel höher als während des Erdenlebens. Elaine erkennt nicht nur sofort, dass sie gestorben ist, sondern sie hat im selben Augenblick auch schon eine umfassende Einsicht in das Wesen des Todes: Der Tod hat lediglich mit dem physischen Körper zu tun; dein innerer Teil hingegen, dein Geist, deine Seele, stirbt niemals, der lebt fort.

Dann nähert sich Elaine Winner der Quelle des Lichts:

»Als ich mich dem Licht näherte, fühlte ich die unvorstellbare Liebe, die das Licht ausstrahlte. Ich fühlte Verständnis, ich fühlte Vergebung, und gleichzeitig fühlte ich so vieles andere. Wenn du dir die Liebe jener Person vorstellst, die dich mehr liebt als irgendjemand auf Erden, so kannst du diese Liebe (die des Lichts) noch nicht damit vergleichen. Diese Liebe war so absolut, so vollkommen, das ging über meinen Verstand.« (51)

Viele Menschen, die eine Nah-Tod-Erfahrung haben, sehen in jenem Licht die Gestalt eines Mannes. Einen Mann, von dem ein unglaublich intensiv strahlendes Licht ausgeht. George Ritchie, dessen Reise durch die geistige Welt wir in Kapitel 3 beschrieben haben, erzählt, dass er erkannte, dass jener Mann des Lichtes Jesus ist, der Sohn Gottes. Es stellt sich allerdings heraus, dass es ein ganz anderer Jesus ist als der, den er auf der Sonntagsschule kennen gelernt hatte. Der Mann, der vor ihm stand, war die reine Kraft – älter als die Zeit selbst und dennoch moderner als jeder, dem er jemals begegnet war. Ritchie bemerkt, dass das Lichtwesen eine intensive Liebe zu ihm ausstrahlt und ihm all seine Taten und Gedanken bekannt sind:

»Was er ausstrahlte war viel mehr als nur Kraft, seine Anwesenheit strahlte eine bedingungslose Liebe aus. Eine erstaunliche

Liebe, eine Liebe, die jedes Vorstellungsvermögen überstieg. Liebe, die vertraut war mit allem in mir, das gegen die Liebe war – der Streit mit meiner Stiefmutter, mein jähzorniger Charakter, die Gedanken an Sex, die ich niemals hatte beherrschen können, kurzum jeder niedere, egoistische Gedanke und jede Tat vom Tag meiner Geburt an – und trotzdem konnte ich mir seiner Anerkennung und Liebe sicher sein.« (52)

In dem Augenblick, da diese Lichtgestalt sein Krankenzimmer betritt, steht Ritchies ganzes Leben vor ihm:

»Alles, was mir jemals widerfahren war, war einfach da, in voller Klarheit, zugleich und in Bewegung, sodass es mich überkam, als wenn das alles gleichzeitig geschah. … Jedes Detail aus zwanzig Lebensjahren wurde mir gezeigt. Alles, was gut oder schlecht gewesen war, alle Höhepunkte, auch die alltäglichen Dinge.« (53)

Ritchie merkt, dass all jene umfassenden, detaillierten und exakten Erinnerungsbilder von jenem Lichtwesen ausgehen. Es ist, als gingen sie aus dessen Innerem hervor. Die Lebensbilder nehmen ihren Anfang, als jenes leuchtende Wesen sein Krankenzimmer betritt. Es stellt sich heraus, dass es alle Taten und Gedanken kennt, die von Ritchie während seines zwanzigjährigen Lebens ausgegangen sind. Auffallend ist somit, dass das Lichtwesen dem Gestorbenen nicht allein beim Zurückblicken auf die Lebensbilder zur Seite steht, sondern es zeigt sich, dass es diese sogar in sich trägt!

Während er seine Lebensbilder betrachtet, drängt sich in Ritchies Innerem eine Frage auf: Was hast du aus deinem Leben gemacht? Mit anderen Worten: Was hast du erreicht in der kostbaren Zeit, die dir zugemessen wurde? Was hast du getan, was einen bleibenden Wert hatte?

Ritchie spürt, dass die Frage nicht gestellt wird, um ihn in die

Enge zu treiben, sondern um Bewusstsein für den Wert seines Lebens zu erwecken. Eine Frau, die dem Lichtwesen begegnete, erzählte, dass sie – ohne Worte, über einen direkten Austausch von Gedanken – gefragt wurde: Was war dein Beitrag an die Menschheit? Auch bei ihr wurde solch eine das Bewusstsein erweckende Frage gestellt.

Ritchie antwortet auf die Frage des Lichtwesens, indem er erzählt, was er in seinem Leben alles geleistet hat. Sein Rückblick lässt ihn jedoch erkennen, dass er in einer kurzsichtigen und penetranten Art und Weise fortwährend mit sich selbst beschäftigt gewesen ist und um sich selbst besorgt war. Es stellt sich heraus, dass »ich, ich, ich« immer und überall im Mittelpunkt stand. Durch das Lichtwesen erkennt er plötzlich, worum es im Leben geht:

»Er fragte mich nicht nach Leistungen und verdientem Lohn. Die Frage hatte, wie alles, was von ihm ausging, mit Liebe zu tun. Wieviel Liebe hast du gegeben? Hast du andere Menschen geliebt, wie ich dich liebe? Ganz und gar? Bedingungslos?« (54)

Auch andere erkennen – durch den Rückblick mit dem Lichtwesen–, worum es im Leben geht. Eine Frau:

»Ich erkannte, dass jeder zur Erde geschickt wird, um bestimmte Dinge zu tun und zu lernen. Zum Beispiel anderen gegenüber liebevoller zu sein. Um zu entdecken, dass menschliche Beziehungen und Liebe das Allerwichtigste sind, und nicht die materialistischen Dinge. Um dir bewusst zu werden, dass alles festgehalten wird, was du im Leben tust, und dass es fortwirkt. Auch wenn du diesem Umstand in dem Augenblick keine Beachtung schenkst.« (55)

Als Beispiel nennt sie folgende Situation: Du hast es eilig und musst an einer Verkehrsampel warten. Die Frau im Wagen vor dir sieht nicht, dass sie auf Grün gesprungen ist, sie passt nicht auf. Wie gehst du damit um? Wirst du böse und hupst du oder hast du Verständnis und Geduld?

Welche Schlussfolgerungen kann man nun aus Vorhergehendem ziehen?

- Erstens fällt es auf, dass das Lichtwesen überall, wo es erscheint, Licht, Bewusstsein und Liebe bringt.
- Zweitens zeigt es sich eindeutig, dass der Lebensüberblick und das Lichtwesen miteinander zusammenhängen. Die Bilder des vergangenen Lebens gehen aus dem Inneren jenes Wesens hervor.
- Drittens erweckt das Lichtwesen das Bewusstsein derer, denen es begegnet. Es schenkt jenes innerliche Aufwecken auf eine freie und unverbindliche Art und Weise. Es stellt Fragen. Jene Fragen machen deutlich, dass das Leben auf Erden nicht sinnlos, sondern zu irgendetwas gut ist. »Was hast du getan in der Zeit, die dir zugemessen war?« »Was hast du daraus gemacht?« »Was war dein Beitrag für die Entwicklung der Menschheit?« Durch diese Fragen wachen die Betroffenen innerlich auf. Sie werden sich des Appells bewusst, welchen das menschliche Leben an sie richtet und ihrer Rolle und Verantwortung darin.
- Viertens macht das Lichtwesen uns die kosmischen Werte bewusst, die dem Leben zugrunde liegen.

Kenneth Ring, einer der Wissenschaftler, der sich mit Nah-Tod-Erfahrungen ausführlich befasste, erzählt, dass es ihm immer deutlicher wurde, dass der Lebensüberblick und das Lichtwesen zeigen, wie wir in einer guten Weise leben können. Aus all den Rückblicken mit dem Lichtwesen zeigt es sich immer wieder, dass dem Leben bestimmte universelle Werte zugrunde liegen. [56] Werte wie Respekt, Freiheit, Verbundenheit, Aufmerksamkeit, Verständnis und dergleichen. Diese universellen Werte, so sagt er, werden in einer lebhaften und intensiven Weise in Erinnerung gebracht. Man erkennt sein Leben und erinnert sich der essenziellen Werte. Dies alles zusammen führt dazu, dass man sein Leben in Übereinstimmung mit jenen Werten verändern will. Jeder Mensch, der eine Nah-Tod-Erfahrung erlebte, wird, so Kenneth Ring, von jenen universellen Werten angesprochen. Auffallend ist, dass jeder, der einen solchen Rückblick auf sein Leben hatte, berichtet, dass das Lichtwesen niemanden jemals im verurteilenden Sinn richtet, sondern stets alle mit seiner warmen Liebe umhüllt. Was es tut, ist, dass es Möglichkeiten aufzeigt, sodass man daraus lernen kann. Menschen, die mit dem Lichtwesen auf ihr Leben zurückblickten, berichteten, dass es sie auf bestimmte Dinge hinwies und andeutete, wie sie in diesem oder jenem Fall anders hätten handeln können. Jemand berichtet mit Nachdruck:

»... nicht was ich hätte tun müssen, das wäre moralisierend, sondern was ich hätte tun können – eine offene Einladung, die es mir völlig frei ließ, seine Vorschläge zu befolgen oder nicht zu beachten.« (57)

Auch daran sehen wir wieder, auf welch unverbindliche und respektvolle Art und Weise das Lichtwesen mit Menschen umgeht und handelt. Jene Haltung des Verständnisses, der Liebe und des Respekts meint aber nicht, dass der Rückblick selbstzufrieden und schmerzlos ist. Vor allem dann nicht, wenn man erfährt, was man einem anderen angetan hat. Ein Mann mit einer kriminellen Vergangenheit, der seine ganze kriminelle Laufbahn erneut erlebte, inklusive aller kleineren Kränkungen, die er anderen unbewusst durch seine gedankenlosen Worte, Blicke und Nachlässigkeiten zugefügt hatte, erzählt:

»Nichts fehlte in diesem Alptraum der Verletzungen; aber das Furchtbarste war, dass jedweder Schmerz, den ich anderen zugefügt hatte, nun … von mir empfunden wurde.« [58]

Jene schmerzliche Konfrontation mit sich selbst können die Gestorbenen offenbar aushalten, weil das Lichtwesen an ihrer Seite steht und sie mit seiner alles verstehenden Liebe stützt und trägt. Der Rückblick auf ihr vergangenes Leben ist für manche Menschen so schockierend, dass sie dadurch niedergeschmettert zu werden drohen. Die umhüllende Liebe des Lichtwesens gibt ihnen innerlich jedoch den Mut und die Kraft, den Lebensrückblick zu ertragen. Ein Mann erzählt:

»Bei mir überwog das Gefühl, dass der gesamte Lebensüberblick, emotional gesehen, destruktiv gewesen wäre … wenn ich nicht, während des Betrachtens, die Liebe meines Freundes (dem Lichtwesen) und seiner Freunde erfahren hätte. Ich konnte diese Liebe fühlen. Jedes Mal, wenn ich die Fassung verlor, schalteten sie das Bild kurz ab und umhegten mich.« [59]

Wer ist nun jenes Lichtwesen? Diese Frage beschäftigt jeden, der eine Nah-Tod-Erfahrung hatte und jenem Wesen begegnete. Für den einen ist sofort klar, dass es Jesus ist, der Sohn Gottes. Für einen anderen ist es Christus oder Gott. Für wieder einen anderen ein Engel. Es gibt auch Menschen, die es nicht wissen und es einfach »das Lichtwesen« nennen.

Lassen Sie uns einmal die verschiedenen Eigenschaften und Arten des Lichtwesens betrachten und dann sehen, wie sich diese zum Wesen Jesu Christi verhalten.

Eines der ersten Elemente, auf die wir stoßen, ist die Tatsache, dass das Lichtwesen die Finsternis vertreibt, in welcher diejenigen, die sterben, kurz nach ihrem Tod landen. Es bringt Licht,

Bewusstsein und Liebe. Es stellt sich heraus, dass es der zentrale Punkt ist, zu dem es jeden hinzieht und woran er sich orientiert. Daneben ruft das Lichtwesen mit Hilfe von Fragen das (Selbst)Bewusstsein eines jeden wach, dem es begegnet. Dann zeigt es sich, dass alle Bilder aus dem vergangenen Leben aus seinem Inneren hervorgehen. Ihm ist alles, was geschehen ist, jeder Gedanke und jede Tat, bekannt, die von der betreffenden Person ausgegangen ist. Es gibt Hinweise, wie er oder sie mit mehr Verständnis und liebevoller mit anderen hätte umgehen können.

Sein allgemeines Verständnis dem Menschen gegenüber, der sich dem Rückblick unterzieht, und seine unterstützende, Kraft gebende Liebe sind ein anderes wichtiges Element. Auch sein uneingeschränkter Respekt gegenüber dem Gestorbenen als werdender, ringender Mensch. Viele Menschen berichten, dass sie in seiner Nähe Vergebung spürten für das, was sie falsch gemacht hatten.

Deutet das alles zusammen nicht eindeutig an, dass das Wesen des Lichts in Beziehung zu Jesus Christus steht, in welchem der Christus-Geist wirkt? Lassen Sie uns noch einmal das Lichtwesen betrachten, nun aus jener Perspektive.

Der Christus-Geist ist in unserer Zeit der Lenker und der Träger der menschlichen Entwicklung, weil er nach Golgatha immer bei und in uns ist. Er ist da, wenn wir auf Erden leben. Er ist da, wenn wir sterben. Er trägt uns durch die Finsternis des Todes. Er ist da, wenn wir in die geistige Welt eingehen. Und er ist da im Leben nach dem Tod, wenn wir auf dem Weg zur Welt des Lichts sind, dem Paradies, zu Gott. Jesus Christus ist daher der zentrale Punkt, worauf sich alle Gestorbenen konzentrieren. Dasselbe ist beim Lichtwesen der Fall.

Während ihres Lebens auf Erden hat der Christus-Geist die Menschen in seinem Herzen getragen. Deshalb geht der Lebensüberblick auch aus seinem Inneren hervor. Und weil er auf Erden alles mit sich trug, was in und mit ihnen geschah, sind ihm auch all ihre Taten und Gedanken bekannt – wie es Ritchie erfuhr.

Das Lichtwesen und das Wesen Jesu Christi, in welchem der Christus-Geist wirkt, stimmen auch darin miteinander überein, dass ersteres die Gestorbenen darauf hinweist, wie sie mit mehr Verständnis und einer liebevolleren Haltung mit anderen hätten umgehen können. In den Evangelien in der Bibel macht es Jesus Christus nicht anders. Schließlich ist es so, dass das Lichtwesen, genau wie Jesus Christus, persönlich vorlebt, was wirkliche Liebe ist und wie du diese zu anderen Menschen hinausträgst.

Aufgrund dessen dürfen wir schließen, dass in dem Lichtwesen deutlich sichtbar etwas vom Wesen des Christus-Geistes wirkt. Ist es Jesus Christus persönlich? Das lässt sich nicht mit Gewissheit sagen. Der Christus-Geist wirkt durch alle Hierarchien der Engel, und es kann somit sein, dass er sich im Leben nach dem Tod durch ein Engelwesen oder durch ein noch höheres Wesen aus der Engel-Hierarchie oder durch einen gestorbenen Menschen, wie zum Beispiel den Buddha, offenbart.

Es scheint allerdings sicher zu sein, dass es der Christus-Geist ist, der durch das Lichtwesen spricht und handelt.

Wie dem auch sei, einer der Menschen, der eine Nah-Tod-Erfahrung mitmachte, Thomas Benedict Mellen, fragte das Lichtwesen persönlich, wer es sei. Mellen erzählte Kenneth Ring, dass auf seine Frage hin Folgendes geschah:

»Da enthüllte sich mir das Licht und es hob mich auf ein Niveau, das ich zuvor nicht erreicht hatte. Es war keine wörtliche Erklärung; es ähnelte noch am meisten einer telepathischen Kommunikation, ganz lebendig. Ich konnte es fühlen, ich konnte dieses Licht fühlen. Das Licht reagierte und offenbarte sich auf einem anderen Niveau, und die Botschaft war:

»Für die meisten Menschen, abhängig von ihrem Hintergrund, bin ich Jesus, Buddha, Krishna oder wer auch immer.«

Nach jenen Worten schwieg das Wesen. Mellen fragt weiter: »Aber was ist es nun wirklich?« Dann geschieht wieder etwas. Mellen:

»Und da veränderte sich das Licht in – ich kann lediglich sagen, dass es sich veränderte – in ein Muster, ein Mandala von Menschenseelen, und ich sah, dass das, was wir das »höhere Selbst« eines jeden von uns nennen, eigentlich eine Art Matrix ist. Es ist auch ein Verbindungskanal mit der Quelle; jeder von uns stammt direkt, ohne irgendeine Intervention, von der Quelle ab. Es stand mir klar vor Augen, dass das höhere Selbst in allen in einem Wesen verbunden war; alle Menschen bilden zusammen ein Wesen, wir sind eigentlich dasselbe Wesen, verschiedene Aspekte desselben Wesens.« (60)

Lässt uns diese Schilderung nicht an Pfingsten denken? An den Christus-Geist, der auf eine individuelle Art und Weise in jedem einzelnen Menschen auf Erden lebt und gleichzeitig alle miteinander vereinigt? Rudolf Steiner machte zu Beginn des 20. Jahrhunderts die Äußerung: »Seit Golgatha erscheint der Christus-Geist als das wahre Ich eines jeden einzelnen Menschen, und zugleich als das höhere Ich der ganzen Menschheit.« (61) Auch das stimmt mit dem Bild von Mellen überein.

12

DAS BAND DER VERSTORBENEN MIT DEN LEBENDEN

Sind die Verstorbenen und die Lebenden voneinander getrennt?

Wenn du als Mensch stirbst, löst du dich von deinem physischen Körper. Jener Lösungsprozess geschieht »schlafend«, also unbewusst. Nach und nach wirst du in der geistigen Welt wach. Eine ganz neue Welt öffnet sich dir. Hast du dich auf Erden mit geistigen oder religiösen Dingen beschäftigt, so weißt du schneller, wo du bist, als Verstorbene, die das nicht taten. Unter Letzteren gibt es übrigens auch welche, die nicht wach werden wollen. Sie glaubten schon auf Erden nicht an ein Fortbestehen nach dem Tode und weigern sich anfangs auch in der geistigen Welt, es zu erkennen.

Das Erwachen in der geistigen Welt bringt ein tiefes Gefühl der Freude und der Erfüllung mit sich. Du genießt die Atmosphäre, die dort herrscht, und du empfindest es als angenehm, keinen physischen Körper mehr zu haben. Dann beginnt der Rückblick auf das vergangene Leben. Mit dem Zurückblicken kommt jedoch auch das Entbehren und das Verlangen nach den Lieben, die auf Erden zurückblieben; denn auch die Verstorbenen missen die physische Nähe und die Verbundenheit mit denen, die sie zurückließen. Wie könnte es denn auch anders sein! Sie leben nun zwar in der geistigen Welt; doch in ihrem ganzen Wesen sind sie noch ganz und gar verbunden mit dem irdischen Leben und mit denen, die sie zurücklassen mussten.

Die Verstorbenen vermissen nicht allein diejenigen, die zurückblieben, sondern sie erfahren auch den Schmerz, den ihr Weggang bei den anderen verursachte. Das erhöhte Bewusstsein, in dem sie nunmehr leben, zeigt ihnen jedoch, dass im Grunde genommen überhaupt nicht die Rede ist von einer Trennung zwischen Lebenden und Toten, sondern dass die Bande der Liebe, die auf Erden gewachsen sind, niemals aufhören zu bestehen. Das versuchen die Hinübergegangenen den Lebenden denn auch fortwährend und auf alle mögliche Art und Weise klar zu machen. Diejenigen hingegen, die auf Erden zurückbleiben, haben jene Erkenntnis und jene Einsicht meistens nicht, und deshalb verhält es sich für sie ganz anders. Manchmal können sie höchstens fühlen, dass der Verstorbene in der Nähe ist, ohne dass sie jenes Gefühl in ihre Auffassungen über das Leben und den Tod einordnen können. So sagte Pastor Ter Linden, den wir in Kapitel 1 zitierten, über die Situation nach dem Heimgang seiner Frau:

»Es ist zwar eine ergreifende Stille eingetreten, aber gleichzeitig ist es eine Stille, die von ihrer Anwesenheit erfüllt ist.« (62)

Wie kommt es nun, dass die Verstorbenen imstande sind, mitzufühlen mit dem, was sich in der Seele desjenigen abspielt, der zurückbleibt? Das kommt dadurch, weil sie – wie unglaublich es für unsere irdischen Ohren auch klingt – in uns und um uns herum leben. Die Sphäre, in der die Verstorbenen verbleiben, ob wir es nun das Jenseits, den Himmel oder die geistige Welt nennen, ist nicht von uns getrennt, sondern sie durchdringt unser Leben auf Erden ganz und gar. Als irdische Menschen machen wir mit unserem Ätherleib einen Teil der Ätherwelt aus, die alles auf Erden mit Leben durchtränkt. Mit unserem Astralleib leben wir in der Astral- oder der seelischen Welt. Und mit unserem Geist, dem göttlichen Kern in uns, machen wir einen Teil von den höheren geistigen Lichtwelten aus. Als Lebende und Verstorbene sind wir lediglich auf der physischen Ebene voneinander getrennt.

Was bedeutet das alles nun für den Kontakt mit dem Verstorbenen? Es bedeutet, dass ich mit meinem Ätherleib in derselben Ätherwelt lebe wie der Verstorbene, der kurz nach dem Tod einen ersten Rückblick auf ihr oder sein vergangenes Leben hat. Mit meiner Seele oder meinem Astralleib befinde ich mich in derselben Astralwelt, wo der Verstorbene den zweiten Rückblick hat und die irdischen Erfahrungen verarbeitet. Während ich mit meinem geistigen Selbst, meinem göttlichen Kern, in derselben geistigen Lichtwelt, dem Devachan, lebe, an das der Verstorbene durch seine oder ihre Entwicklung im Leben nach dem Tod immer mehr heranwächst.

Der Unterschied zwischen dem Verstorbenen und mir, der ich auf Erden zurückbleibe, ist, dass ich, indem ich in meinem physischen Körper auf Erden wohne, mich selbst als abgeschlossen von der Äther-, der Astral- und der geistigen Welt erfahre. In Wirklichkeit ist das natürlich ganz und gar nicht der Fall. Das ist die Illusion, die uns unser irdischer Verstand vorspiegelt! Wir kommen der Wahrheit am Nächsten, wenn wir sagen, dass mir als Mensch auf Erden die geistigen Welten zum größten Teil noch nicht bewusst sind. Das äußert sich auch darin, dass ich mich von allen Erinnerungen, die ich in meinem Leben erfahren habe und die in meinem Ätherleib gespeichert sind, nur an einen verhältnismäßig kleinen Teil bewusst erinnere. Der Rest bleibt unbewusst. Dasselbe gilt für alle Emotionen, Gedanken, Absichten, Ideale, Bestrebungen und dergleichen, die ich bis jetzt in meinem Leben gehabt hatte. Auch an die erinnere ich mich nur zum Teil. Das Gefühl, dass wir Lebenden auf Erden von den Verstorbenen getrennt sind, ist somit lediglich eine Frage unseres irdischen Bewusstseins: Wir selbst können uns nur sehr schwer bewusst sein, dass wir in diesem Augenblick auch in der Äther-, in der Astral- und in der höheren Lichtwelt leben. Sowohl unser Bewusstseinsvermögen als auch unsere Erinnerung sind noch nicht ausreichend und zu unausgereift, um uns dessen bewusst zu werden.

Des Nachts, wenn wir schlafen, sind wir uns nicht all der Dinge bewusst, die sich in unserem Schafzimmer befinden – der Stuhl, der Tisch, Kleidung, allerlei Kram und dergleichen. Auf dieselbe Art und Weise, wie wir während des Schlafs die physischen Gegenstände um uns herum nicht wahrnehmen, sehen wir während unseres wachenden Bewusstseins, also wenn wir wach sind, auch nicht diejenigen, mit denen wir zusammen in der Äther-, in der Astral- und in der höheren geistigen Welt leben.

Würden wir dagegen mit einem Mal auf jenen anderen Ebenen geistig erwachen und uns der Äther-, der Astral- und der höheren Lichtwelt bewusst werden, so würden wir auf der Stelle allen unseren Lieben und Freunden, die jenseits weilen, begegnen und sie erkennen. Für viele Zurückgebliebene, die Familienangehörige oder Freunde durch den Tod verloren haben, wäre ein solches Ereignis zu schön, um wahr zu sein.

Doch solche Begegnungen zwischen Lebenden und Verstorbenen finden durchaus statt. Und zwar tagtäglich. Nur sind wir uns dessen nicht bewusst. In der Nacht, wenn wir in den Schlaf fallen, lösen sich unser Astralleib und unser göttlicher Kern von unserem physischen und unserem Ätherleib. Mit jenem Astralleib und unserem Geist steigen wir dann zu der astralen und der geistigen Lichtwelt auf, den Welten, wo die Verstorbenen verweilen. Und so stehen wir dann, ungehindert durch unser physisches, irdisches Bewusstsein, unseren lieben Verstorbenen »Auge in Auge« gegenüber. Dort »sprechen« wir miteinander und sind in gegenseitiger Gesellschaft, bis es wieder Zeit wird, zur Erde zurückzukehren.

Jene, die auf Erden wohnen, und diejenigen, die nach dem Tod in der geistigen Welt leben, erreichen einander also über die Welten, die sie gemeinsam teilen. Das bedeutet, dass der Verstorbene in unserer Seele und in unserem Geist nicht allein unsere Gefühle, Gedanken, Emotionen, Willensimpulse und dergleichen wahrnimmt und erfährt, sondern auch die mehr geistigen Elemente wie Ideale, höhere Absichten, spirituelle Einsichten und Liebeskräfte. Der Verstorbene hat schließlich keinen physischen Körper mehr und wird folglich nicht länger dadurch behindert. Sie oder er nimmt unseren Körper wahr wie einen vagen Nebel, sieht jedoch die Bewegungen unseres Inneren haarscharf umrissen vor sich.

Die Gedanken und die Gefühle, die derjenige, der auf Erden zurückbleibt, zu dem Verstorbenen sendet, nimmt dieser daher auch sofort wahr, jedenfalls in der ersten Zeit nach dem Versterben. Dafür braucht sich dieser überhaupt nicht anzustrengen. Außerdem ist es so, dass warme, liebevolle Gefühle und Gedanken für die Verstorbenen ein großes Geschenk sind. Sie nehmen diese sogleich in sich auf, und sie erwärmen sie innerlich und machen sie froh. Gute und liebevolle Gedanken erreichen den Verstorbenen jederzeit, wo dieser sich auch befindet. Die Verbundenheit, die so entsteht, gibt ihnen ihrerseits wiederum die Gelegenheit, den lieben Zurückgebliebenen Liebe, Herzlichkeit und Inspirationen zuzusenden. So können sie sich beiderseits mit dem anderen verbunden fühlen und einander trösten und ermutigen. Dadurch wird ihre Beziehung verstärkt.

Selbstverständlich kommen nicht allein positive Gefühle und Gedanken bei dem Verstorbenen an. Auch Wut und Hassgefühle gelangen direkt in die inneren Welten. Dadurch leiden jene Wesen sehr. Überdies binden diese negativen Gedanken und Gefühle den Verstorbenen an die Erde und an denjenigen, der sie aussendet. Das zeigt, wie wichtig es für beide Seiten ist, Verarbeitungsprozesse zu durchlaufen und schließlich zur Vergebung zu kommen. Erst dann wird die Beziehung frei, kann die Entwicklung beiderseits weitergehen und die Beziehung erneuert und in einer anderen Weise fortgesetzt werden.

Voraussetzungen für den Kontakt mit Verstorbenen

Solange der Verstorbene in der astralen oder der seelischen Welt verweilt, kann er oder sie lediglich mit den Lebenden in Kontakt treten, wenn Letztere es mit ihrer Seele und ihrem Geist, also mit ihrem Fühlen und Denken, ermöglichen. Das kommt unter anderem dadurch, weil der Verstorbene in der seelischen Welt von der Verarbeitung des vergangenen Lebens ganz und gar gefangen genommen wird. Erst in der höheren Lichtwelt kann der Verstorbene von sich aus Kontakt aufnehmen mit den Lebenden und in ihnen wirksam sein. [63] Das ist ein wichtiger Umstand in dem Kontakt zwischen Lebenden und Verstorbenen, den wir ernsthaft berücksichtigen müssen. Das bedeutet, dass die Lebenden auf Erden diejenigen sind, welche die Voraussetzungen schaffen müssen, damit der Kontakt möglich wird. Denken sie nicht mehr an sie oder ihn, weil sie davon ausgehen, dass mit dem Tod alles aufhört und der andere folglich nicht mehr existiert, so kann der Verstorbene die Zurückgebliebenen nicht erreichen. Dasselbe ist der Fall, wenn die Lebenden gänzlich in ihrem Kummer aufgehen und keine freien, liebevollen Gedanken zu dem anderen senden.

Der Kontakt kann auch nicht aufgenommen werden, wenn der Zurückgebliebene ganz und gar in irdischen, materiellen Dingen aufgeht und keine spirituellen Gefühle oder Gedanken hegt. Wir sehen also, dass der Verstorbene den Kontakt nur herstellen kann, wenn in der Seele des Lebenden ein wenig Selbstlosigkeit und Spiritualität vorzufinden sind. Das ist umso stärker der Fall, je mehr sich der Betroffene im Jenseits geistig entwickelt und sich so weiter von der Erde löst.

Rudolf Steiner sagte, dass man als Seher erschütternde Dinge in den Regionen, wo die Verstorbenen weilen, erleben kann. [64] So begegnete er in der geistigen Welt oftmals Verstorbenen, die ein einsames Dasein führten. Sie hatten sich auf Erden geistig nicht entwickelt und vermissten somit das »Licht«, das ihnen helfen konnte, die geistige Welt um sich herum sehen und kennen zu lernen. Außerdem konnten sie keinen Kontakt herstellen mit ihren lieben Hinterbliebenen auf Erden, da diese, genau wie die Verstorbenen, selbst keine spirituellen Gedanken kannten. Als Beispiel nennt Steiner einen Verstorbenen, der auf Erden der Mann einer liebevollen Frau war. Während seines Lebens war er jeden Tag mit Freude von seiner Arbeit nach Hause gekommen. Nach einem mühsamen Tag machte das Leben mit seiner Frau wieder alles gut für ihn. Er liebte seine Frau von ganzem Herzen. Auch jetzt waren seine Gedanken und Erinnerungen stets auf sie gerichtet, und er hatte Sehnsucht nach ihr. Er 'erzählte' Rudolf Steiner, dass er sich immer wieder auf die Erde ausrichtete, seine Frau dort aber nicht finden konnte. Durch das, was er inzwischen in der geistigen Welt gelernt hatte, wusste er, dass sie dort wohl irgendwo sein musste, aber für ihn war es gerade so, als hätte sie sich aufgelöst. Er war darüber ganz traurig und fühlte sich sehr einsam. Als Steiner dieses Problem untersuchte, sah er, dass das dadurch kam, weil die Frau des Mannes durch die materialistische Kultur, in der sie aufwuchs, überhaupt keine spirituellen Gedanken oder Vorstellungen kannte und ganz in äußerlichen Dingen aufging. Dadurch wurde sie in der geistigen Welt, wo ihr Mann weilte, nicht sichtbar und wahrnehmbar. Die Folge war, dass dieser keinen Kontakt mit ihr aufnehmen und somit auch nicht an ihrem Leben teilhaben konnte. Rudolf Steiner fügte hinzu, dass Verstorbene, wie dieser Mann, das Gefühl haben, als würden sie durch irgendetwas fest gehalten oder gefesselt, wodurch sie nicht zu denjenigen vordringen können, mit denen sie auf Erden so tief verbunden waren. Die Ursache dieser traurigen Situation muss dann in erster Linie bei denjenigen gesucht werden, die auf Erden zurückblieben.

Für den Verstorbenen ist der Kontakt mit denjenigen, mit denen er oder sie auf Erden verbunden war, sehr wichtig, und zwar aus einer Vielzahl von Gründen. Jeder Mensch, der stirbt und in der geistigen Welt leben wird, muss sich an diese neue Umgebung gewöhnen. In gewissem Sinne ist der Übergang in diese Welt mit dem Umzug in ein fremdes Land vergleichbar. Du kennst die Gebräuche und die Sprache noch nicht, und du musst dich erst an viele Dinge gewöhnen, denen du begegnest. Erst allmählich, wenn du die Sprache zu sprechen gelernt hast und die Gebräuche verstehst, fühlst du dich wie zu Hause. So ist es auch im Leben nach dem Tod.

Die geistigen Lichtwesen und die anderen Verstorbenen sind zwar um dich herum, aber du hast noch nicht sofort das Vermögen, um von dir aus Kontakt mit ihnen herzustellen. Das wird erst möglich, wenn du geistig, durch die Verarbeitung des vergangenen Lebens, allmählich ein wenig freier wirst. Dann entfachst du das innere Licht, das es dir ermöglicht, dich den geistigen Wesen um dich herum anzunähern.

Auf der einen Seite genießt du als Verstorbener nach deiner Ankunft die geistige Welt also so, wie diese ist, zum Beispiel die Atmosphäre der Wahrhaftigkeit und Güte, die dort herrscht. Aber auf der anderen Seite vermisst du diejenigen, die du zurückgelassen hast, und du fühlst dich auch einsam. In dieser Situation ist es natürlich ein großer Trost, wenn du den Kontakt herstellen kannst zu zurückgebliebenen Familienmitgliedern oder Freunden und dich mit ihnen verbunden fühlst.

Kannst du das nicht, weil sie nicht an dich denken oder überhaupt keine spirituellen Gedanken haben, so wird deine Einsamkeit in der geistigen Welt gesteigert. In unserer Zeit, in der das materialistische Denken so stark zugenommen hat, werden daher viele Verstorbene von der geistigen Welt aus denn auch keinen einzigen Kontakt zu ihren zurückgebliebenen Partnern, Familienmitgliedern und Freunden herstellen können. Das löst für beide Seiten nicht allein eine große geistige Einsamkeit aus, sondern verhindert auch die Hilfe, die Inspiration und die Ermutigung, welche die Verstorbenen ihrerseits den Zurückgebliebenen aus der geistigen Welt geben können.

Die Bedeutung der Lebenden für die Verstorbenen

Es gibt noch einen anderen Grund, warum die Wechselbeziehung zwischen den Verstorbenen auf der einen Seite und den Zurückgebliebenen auf der anderen Seite so wichtig ist. Die Verstorbenen benötigen für die Verarbeitung ihres Lebens und für die weitere Orientierung in der geistigen Welt, aber vor allem auch für das Werk, das sie in der Zukunft von der höheren geistigen Lichtwelt aus auf Erden verrichten werden, geistige Erkenntnisse, die allein auf Erden zu erwerben sind. Es ergibt sich der bemerkenswerte Umstand, dass geistige Wesen, einschließlich der Verstorbenen, manche Dinge in der geistigen Welt zwar erschauen können, sie aber nicht ohne weiteres verstehen und damit umgehen können. Das können sie allein mit Hilfe geistiger Erkenntnis und geistiger Einsicht, die auf Erden gewonnen wurden, [(65)] das heißt mit Hilfe spiritueller Gedanken und Einsichten, die von einem Menschen auf Erden entwickelt worden sind. Als Beispiel können wir die Bibel erwähnen. Die verschiedenen Bücher der Bibel sind von Menschenhand geschrieben, nachdem sie zunächst durch einen menschlichen Geist gegangen sind. Selbstverständlich wurden Verfasser wie Paulus und die Evangelisten aus der höheren geistigen Lichtwelt inspiriert. Das kannst du auch merken. Es zeigt sich, dass man die Evangelien von vielen verschiedenen Ebenen aus lesen und verstehen kann. Die Erkenntnisse und die Einsichten, die auf diese Weise auf Erden entstanden, enthalten nun ein Wissen, das für die geistigen Wesen in der geistigen Welt, einschließlich der Verstorbenen, außerordentlich wichtig ist.

Liest du als Mensch auf Erden ein inspiriertes Buch wie die

Bibel, und zwar nicht bloß mit deinem Denken, sondern auch mit deinem Gefühl, erlebst du also innerlich auch, was du liest, so erleuchtet diese Erkenntnis die geistigen Welten. Durch deine Gefühle und deine Gedanken können die Verstorbenen und andere geistige Wesen dann das Wissen erlangen, das sie für ihr weiteres geistiges Werk – im Kosmos und auf Erden – so nötig haben. Hieran sehen wir, wie sehr die Menschen auf Erden und die Wesen in der geistigen Welt für die gegenseitige Entwicklung und für die weitere Entfaltung der Menschheit voneinander abhängig sind. Auch die Bedeutung, welche die Erde für diese ganze Entwicklung hat, wird deutlich. Sie ist wahrhaftig nicht ohne Grund geschaffen worden!

Wenn du dies alles wirklich zu dir durchdringen lässt, bist du verblüfft über die Erkenntnis, dass die Verstorbenen uns hier auf Erden benötigen, um bestimmte Dinge zu verstehen und als Erkenntnis in sich aufzunehmen. Vielleicht wird es ein wenig verständlicher, wenn wir uns klar machen, dass die wahren Erkenntnisse, welche wir hier auf Erden erlangen, durch vier Welten gehen – die physische Welt, die Ätherwelt, die Astral- oder seelische Welt und die geistige Lichtwelt. Welten, in denen seit den Geschehnissen auf Golgatha der Christus-Geist lebt und wirkt.

Weil das so ist, weil der Christus-Geist in jenen vier Welten wirksam ist, werden die wirklichen Erkenntnisse auf Erden transformiert zu etwas, das in der geistigen Welt in dieser Art nicht vorzufinden ist. Dadurch fügt die Erdenwelt etwas zu jenen Erkenntnissen hinzu, was weitreichend einwirkt auf das Leben in der geistigen Welt. Wir haben es hier mit einem der großen Geheimnisse zu tun, die mit dem Herabsenken des Christus-Geistes in das Erdenleben verbunden sind.

Rudolf Steiner hat immer wieder darauf hingewiesen, mit wieviel Sehnsucht die Verstorbenen der geistigen Nahrung entgegensehen, welche allein die Lebenden ihnen schenken können: geistige Erkenntnis und Einsicht, die durch das Leben auf Erden gegangen ist.

Die Verstorbenen sehnen sich nach der geistigen Nahrung, welche allein die Zurückgebliebenen ihnen geben können, die sie meistens jedoch leider nicht von ihnen bekommen. So sah Rudolf Steiner, wie Verstorbene auf jene zueilen, die auf Erden leben und während des Schlafs aufsteigen zu den Welten, wo ihre hinübergegangenen Lieben weilen. Sehnsüchtig, so sagt Steiner, halten sie Ausschau, ob die Menschen, mit denen sie auf Erden verbunden sind, ihnen geistige Nahrung bringen, von der sie Nutzen haben. Wie sehr sind sie enttäuscht, wenn es sich herausstellt, dass diese am Tag zuvor überhaupt keine religiöse Empfindung oder keinen einzigen spirituellen Gedanken in der Seele erfahren haben, die sie in sich aufnehmen können. Dann leiden die Verstorbenen »geistigen Hunger«. Steiner spricht von einer »nahezu epidemischen geistigen Hungersnot«, welche als Folge des zunehmenden Materialismus auf Erden in der geistigen Welt unter den Verstorbenen vorzufinden ist. Er sah, dass vornehmlich die Menschen tief nach geistiger Weisheit verlangen, die sich auf Erden überhaupt nicht darum geschert hatten.

Anschließend rief er die Menschen auf, den Verstorbenen Bücher oder andere Schriften vorzulesen, welche geistige oder religiöse Erkenntnisse enthalten. Auch heutzutage gibt es Menschen, die jenem Aufruf Gehör schenken und denen es zur Gewohnheit geworden ist, Verstorbene im Jenseits in ihre Gedanken aufzunehmen und diesen regelmäßig inspirierte Bücher oder Gedichte vorzulesen. Manche von ihnen erzählten uns, dass sie erfuhren, dass nicht allein der Verstorbene, den sie kannten, kam, um zu lauschen, sondern dass dieser auch andere mitbrachte, die ihnen persönlich nicht bekannt waren.

Hellseherische Menschen erfahren übrigens sehr oft, dass zum Beispiel bei Vorträgen über spirituelle Themen geistige Wesen, wie Engel und Verstorbene, mithören, die mit den anwesenden Menschen mitgekommen sind. Auf eine Frage von Rittelmeyer, ob er seiner verstorbenen Mutter schon einmal in der geistigen Welt begegnet sei, antwortete Rudolf Steiner: »Wenn Sie einem Vortrag lauschen, kommt oft eine Persönlichkeit, die ich für ihre Mutter halte. Sie bringt noch ein paar andere mit. Sie ist ein wenig unruhig und läuft ein bisschen auf und ab. Aber an Ihrem geistigen Leben nimmt sie aktiv Teil.« [(66)]

Was bedeutet das Vorhergehende nun für uns auf Erden Lebende? Ist es nicht Folgendes: Dass wir Menschen, wenn wir zum Beispiel abends vor dem Schlafengehen den Verstorbenen, mit denen wir verbunden sind, etwas vorlesen, was einen geistigen Inhalt hat, ihnen damit in ihrer Entwicklung entscheidend helfen? Und nicht allein ihnen, sondern auch den anderen Verstorbenen, die mit ihnen mitkommen und ebenso sehr nach diesen Erkenntnissen verlangen?

Auf diese Weise tragen wir dazu bei, dass zwischen den Lebenden und den Verstorbenen eine Brücke geschlagen wird. Eine Verbindung, die es Letzteren ihrerseits ermöglicht, diejenigen, die auf Erden leben, zu inspirieren, zu ermutigen und ihnen zur Seite zu stehen.

Das Wesen der Begegnung

Das Vorhergehende weckt folgende Frage: Was ist nun das Wesen der Begegnung zwischen den Lebenden auf Erden und den Verstorbenen in der geistigen Welt? Die Antwort darauf lautet, dass Lebende und Verstorbene in der Wechselbeziehung zueinander geistige Kräfte und Erkenntnisse entwickeln, die es hohen geistigen Wesen ermöglichen, die menschliche Entwicklung auf Erden voranzubringen. Um jenes hohe Ziel zu erreichen, müssen wir allerdings beiderseits innerlich bereit sein, geistig zu wachsen, jeder für sich persönlich und in der Beziehung zueinander. Wenn wir bewusst daran arbeiten, dann kann in uns und zwischen uns die Kraft des Christus-Geistes wirksam werden. Der Evangelist Matthäus fasste dies in die Worte: »Denn wo zwei oder drei in meinem Namen versammelt sind, da bin ich mitten unter ihnen.«[(67)]

Dank des Opfers Christi, wodurch der Christus-Geist allezeit in und bei uns ist, sowohl auf Erden als auch im Leben nach dem Tod, können wir Lebenden und Verstorbenen einander erreichen und gemeinsam geistig wachsen. Erfüllen wir die richtigen Voraussetzungen, kommen wir wirklich miteinander »ins Gespräch« und verarbeiten wir gemeinsam unsere Beziehung auf Erden, dann kann der Christus-Geist uns zu neuen Erkenntnissen führen, uns zu neuen Menschen machen und uns in einer neuen Art und Weise miteinander verbinden.

Wenn wir einmal schauen, in welcher Weise die Verstorbenen und die Lebenden Schritt für Schritt auf jene neue Beziehung hinarbeiten, dann sehen wir, dass sie – allerdings noch unbewusst – auf jenes hohe Ziel hinstreben. Ein paar Beispiele:

Wir sagten bereits, dass der Kontakt zwischen Lebenden und Verstorbenen nur dann entsteht, wenn die Zurückgebliebenen sich bewusst sind, dass der andere noch da ist und die Beziehung auch nach dem Tode weitergeht. Um das zu erreichen, tun die Verstorbenen alles, um sich gegenüber den Lebenden als »Lebende« erkennbar zu machen. Sie tun dies in der Hoffnung, dass jene Annäherung zu einem innerlichen Gespräch zwischen ihnen und den Zurückgebliebenen führen wird. Viele Menschen, die liebe Partner und Freunde durch den Tod verloren haben, fühlen diese um sich herum. In der schmerzlichen Stille, die nach ihrem Abgang entstanden ist, erfahren sie dann, wie es Pfarrer Ter Linden in Worte fasste, die Fülle ihrer Anwesenheit.

Manchmal geben sich diejenigen, die gestorben sind, kurz nach ihrem Tod im gewöhnlichen Leben noch schnell ihren Lieben auf Erden zu erkennen. Es ist, als wollten sie sagen: Denke daran, ich bin noch da! Da sie der physischen Erdenwelt noch nahe sind, können sie sich dann für einen kurzen Augenblick aus ihrem Ätherleib heraus sichtbar machen. Eine Frau, deren Schwiegermutter an Krebs gestorben war, berichtete Folgendes:

»In der Nacht nach dem Begräbnis seiner Mutter gingen mein Mann und ich zu ihrem Haus, wo Familienmitglieder von ihm zugegen waren. Wir kamen dort ziemlich spät an. Als wir nach dem Besuch wieder ins Auto stiegen, blickte ich zur Haustür. Da sah ich, wie seine Mutter in der Türöffnung stand.

Sie winkte uns zu! Sie sah aus wie immer – sie war es ganz bestimmt! Sie erschien ganz ruhig, sehr gesund und jünger. Früher nahm sie nach unserem Besuch immer so an der Tür Abschied. Es verlief so, wie die vielen Male zuvor.

Ich schaute zu Ben und sagte: »Hast du gesehen?« Und da begann er sehr heftig zu weinen. Ich begriff, dass wir beide zugleich seine Mutter gesehen hatten, aber Ben konnte nicht darüber sprechen. Nachdem ich zu ihm geschaut hatte, war sie verschwunden. Meiner Schätzung nach durfte ich seine Mutter zur Bestätigung von Bens Wahrnehmung sehen, sodass er wissen würde, dass diese Erscheinung kein Produkt seiner Fantasie gewesen war.« [68]

Im folgenden Beispiel wird der verstorbene Vater nicht sichtbar, doch er ist wohl sehr fühlbar zugegen. Er kommt eindeutig, um Abschied von seiner Tochter zu nehmen, aber auch, um noch eine intensive geistige Erfahrung mit ihr zu durchleben. Die Tochter erzählt:

»Mein Vater hatte Lungenkrebs. Nach einer technisch gelungenen Operation folgte eine Komplikation nach der anderen. Es folgten aufreibende Wochen, in denen Hoffnung und Angst einander abwechselten. Meine Brüder und ich wollten ihn noch so gerne in unserer Mitte behalten. Auch er wollte gerne noch leben. Er hatte noch so vieles vor. Übrigens fürchtete er sich vor dem Tod und wollte, bedauerlicherweise, nicht darüber reden. Als er nach der Operation auf der Intensivstation an allerlei Schläuchen und Apparaten hing, war das natürlich auch nicht mehr möglich.

Gerne wollte ich am Abend und in der Nacht vor seinem Tod bei ihm bleiben. Doch im Krankenhaus bat man uns, nach Hause zu gehen. Der Platz auf der Intensivstation war begrenzt, und es lagen dort viele Patienten. Früh am nächsten Morgen rief man uns an, dass er verstorben sei. Ohne einen von uns hat er jenes letzte Stückchen seines Weges durch dieses Leben zurückgelegt.

Zunächst war ich böse auf mich, dass ich nicht meinem Gefühl gefolgt und doch geblieben war. Ich hätte ihm so gerne zur Seite gestanden, vor allem da ich wusste, dass er sich fürchtete. Doch es sollte so sein. Ein großer Trost für uns alle war, dass der Ausdruck auf seinem Gesicht so friedlich und entspannt war. Befreit von aller Angst. Möglicherweise ist er doch nicht allein gewesen …

Vierzehn Tage nach dem Tod geschah etwas sehr Merkwürdiges. Mit einer Freundin hatte ich verabredet, das Wochenende bei ihr zu verbringen. Am Freitagabend fühlte ich mich plötzlich nicht wohl. Ich glaubte, dass ich krank würde. Daher sagte ich die Vereinbarung telefonisch ab.

Ich saß auf der Couch, und auf einmal war eine ganz besondere Atmosphäre um mich herum. Ich bekam das Gefühl, wusste es eigentlich sicher, dass mein Vater bei mir war. Das beängstigte mich überhaupt nicht. Eine Stimme in mir fing an, gleichsam Weisungen zu erteilen. Ich habe alles Mögliche hervorgebracht: Ich habe Gedichte gelesen, Abschnitte aus der Bibel, aus dem Tibetischen Totenbuch. Ich habe gesungen, geredet, Erinnerungen ausgekramt, Späße gemacht – alles laut! Das ging so das ganze Wochenende über. Innerlich fühlte ich mich sehr ruhig; ich war zwar da, und doch auch wieder nicht. Ich habe kaum geschlafen, ich war aber dennoch ganz wach und vor allem erfüllt!

Ich hatte das Gefühl, dass das, was ich zur Todesstunde nicht hatte tun können, nun getan werden durfte. Dafür war ich unglaublich dankbar. Am Sonntagnachmittag konnte ich sagen: »Papa, geh jetzt, gehe den Weg, den du gehen musst. Es ist schon alles gut, wir werden doch immer zusammen sein.« In dem Augenblick, da ich dies sagte, wurde der »Zauber«, der dort geherrscht hatte, gebrochen, und ich war wieder allein.« (69)

Diese Erfahrung ist in mehreren Hinsichten wichtig für unser Thema. Wir sehen hier nicht bloß, dass der Verstorbene versucht, Kontakt mit seiner Tochter herzustellen, sondern auch, dass die Tochter intuitiv spürt, wie sie das Gespräch mit ihm angehen muss. Damit erfüllt sie die Bedingungen, die für den Kontakt zwischen Lebenden und Verstorbenen notwendig sind. Zunächst stellt sie, als Lebende, sich auf den anderen, als Verstorbenen, ein. Anschließend belebt sie gemeinsame Erinnerungen wieder, die für beide mit einer Menge an Gefühlen verbunden sind. Dadurch wird die Verbindung von Herz zu Herz gelegt. Eigentlich begleitet sie ihren Vater auch ein Stückchen im Rückblick auf sein Leben und in der Verarbeitung seines Lebens. Doch nicht allein die Seele, auch der Geist erhält in jenem Gespräch seinen Platz. Der Verstorbene hat auch Interesse an der speziellen geistigen Erkenntnis und Einsicht, die allein auf Erden zu erwerben sind. Deshalb liest die Tochter ihrem verstorbenen Vater spontan Gedichte vor, Abschnitte aus der Bibel und aus dem Tibetischen Totenbuch. Am Sonntagnachmittag hat er offenbar genügend empfangen, damit er in der geistigen Welt weiterkommen kann. Die neue Verbindung ist hergestellt und setzt sich auch danach fort. Die Tochter erzählte: »Zu meinem Vater habe ich seitdem immer Kontakt, und dieser manifestiert sich in den unterschiedlichsten Formen.«

Auch eine lange Zeit nach ihrem Tod können Verstorbene sich ihren Lieben gegenüber kenntlich machen, und auch dann kann es sich um ein Gespräch handeln.

Eine Frau, deren Mann vor zehn Jahren gestorben war, spürte, dass sich der Kontakt zu ihm verändert hatte. Es kam ihr vor, als ob er viel weiter weg wäre, als sie es zunächst erfuhr. Als sie einmal allein in ihrem Zimmer war, überfiel sie das Gefühl: »Wo bist du?« In der darauf folgenden Nacht begegnet sie ihm. Sie erzählte: »In der Nacht hatte ich dann so einen Traum, der kein Traum ist, sondern eine Begegnung, die du nie mehr vergisst. Er erschien und zeigte mir Bilder der vergangenen zehn Jahre – Situationen von mir und den Kindern. Ich fragte ihn: »Du weißt das alles?«, worauf er liebevoll sagte: »Aber natürlich, ich bin doch immer bei euch gewesen.« [(70)]

Mit dem Rückblick auf das Leben tritt bei den Verstorbenen auch die Reue ein über das, was sie anderen gegenüber versäumt oder diesen angetan haben. Zahlreich sind die Geschichten über Verstorbene, die denen, die zurückblieben, auf alle möglichen Weisen ihr Bedauern zum Ausdruck bringen wollen und sie um Vergebung bitten. Manchmal erreichen jene Bitten die Lebenden, oftmals über Umwege, manchmal aber auch hören diese sie nicht. Zwei Beispiele:

Eine Frau erzählte, dass sie wenige Monate nach dem Tod ihres Vaters einen ganz hellen Traum hatte, in welchem sie ihm begegnete. Sie gingen Arm in Arm durch eine lichte Landschaft mit Bäumen. Während sie dort so gemeinsam wandelten, wusste die Frau, dass sie sich »im Jenseits« befand und ihr verstorbener Vater an ihrer Seite ging. In dem Augenblick begann ihr Vater zu sprechen. Er sagte, dass er ein schwieriger Mensch gewesen und sich auch bewusst sei, dass er seine Frau (die Mutter der Frau, die dies erzählt) zu kurz kommen ließ. Anschließend gab er der Tochter in einer Reihe von klaren Sätzen eine Botschaft für seine zurückgebliebene Frau mit auf den Weg und bat sie, ihr diese zu überbringen.

Ein Beispiel von einem Reuebekenntnis, das nicht ankommt, zeigt George Ritchie auf, als er auf seiner Reise durch die Astralwelt mit dem Lichtwesen folgende Szene erlebt:

»In einem Haus sah ich, wie ein junger Mann einem älteren Herrn von einem Zimmer ins andere folgte: »Es tut mir Leid, Vater«, sagte er immer wieder. »Ich hatte keine Ahnung, was das für Mutti bedeuten würde! Ehrlich, ich hatte keine Ahnung davon.« Obschon Ritchie den jungen Mann deutlich verstand, konnte der ältere Herr, zu dem er sprach, ihn nicht hören. Der ältere Mann brachte ein Serviertablett in ein Schlafzimmer, wo eine ältere Frau aufrecht im Bett saß. »Es tut mir Leid, Vater«, wiederholte der junge Mann immer und immer wieder. »Es tut mir Leid, Mutti.« Worte, wiederholt bis ins Unendliche und an Ohren gerichtet, die sie nicht hören konnten. Als Ritchie zum Lichtwesen schaut, spürt er, wie es seine Liebe und sein Mitleid in den Raum strömen lässt. Als er das Wesen fragt, was diesem jungen Mann so Leid tut, kommt aus dem Licht an seiner Seite der Gedanke auf: »Er hat Hand an sich gelegt und sitzt nun als Konsequenz seiner Tat fest.« [71]

Auch hier sehen wir ein Beispiel von einem Verstorbenen, der gefangen bleibt in der Beziehung zu den Lieben, die er zurückließ. Er bleibt verhakt und kann seinen Weg in der geistigen Welt nicht fortsetzen, weil die Zurückgebliebenen ihren Kummer und möglicherweise auch ihre Wut nicht verarbeiten und dadurch nicht zur Vergebung kommen können. Das Gespräch, das beiderseits so notwendig ist, findet hier nicht statt. Erst wenn das der Fall ist, kann etwas geschehen, wodurch beide Seiten loslassen können, eine Befreiung eintritt und eine neue Art Beziehung zwischen ihnen entstehen kann.

In dem Maße, in dem Verstorbene geistig frei sind, also nicht (mehr) ganz und gar vom Rückblick auf ihr Leben bestimmt sind, werden sie als geistige Wesen Aufgaben erfüllen, die an das Werk der (Schutz)-Engel denken lassen. Zahlreich sind die Geschichten über Menschen, die sich in einer gefährlichen Situation befanden und deren Leben durch einen – oft bekannten – Verstorbenen gerettet wurde. Das folgende Ereignis fand während des Ersten Weltkriegs statt:

Will Bird war ein Kanadier, der an der Westfront kämpfte. Zu einem bestimmten Zeitpunkt hockte er in einem Schützengraben, der mit einer Plane abgedeckt war. Plötzlich wurde die Plane aufgeschlagen, und da sah Will, wie dort sein erst kürzlich verstorbener Bruder Steve stand. Dieser machte ihm gegenüber Gebärden, dass er seine Siebensachen packen solle. Wenige Minuten später schlug eine Granate ein, genau an der Stelle, wo Will gehockt hatte.[72]

Doch man führt nicht nur Rettungen aus lebensgefährlichen Situationen auf die Einwirkung Verstorbener zurück, sondern auch viele inspirierende Einflüsse. Vor allem Künstler, wie Schriftsteller, Musiker und Kunstmaler, berichten, dass sie Inspiration erhielten von Freunden, Familienmitgliedern oder Menschen, mit denen sie zusammengearbeitet hatten und die gestorben waren. Zwei Beispiele:

Michel van der Plas, Autor vieler Gedichtbände, Essays und Biographien, aber auch von Kabarettliedern, erzählte, dass er vor einigen Jahren einen Gedichtband mit dem Titel »Vaterland« schrieb.

Van der Plas: »Die Gedichte handeln nur über meinen Vater und sein Land, sein Leben. Während des Schreibens waren wir so intensiv, über den Tod hinaus, miteinander beschäftigt, dass sein Schatten monatelang durch mein Haus geschweift ist.«[73]

Der Musiker und Komponist Hans-Georg Burghardt schreibt in seinen Memoiren:

»Einen scheinbar unwichtigen, in Wirklichkeit aber sehr wichtigen Platz in meinem Werk nehmen gerade die Stücke ein, die ich am und für das Harmonium komponiert habe. Carl Bergmann, der eigentliche Urheber dieser Musik, weilt schon seit langer Zeit in der geistigen Welt. Ich spreche hier aus, dass ich diese besonderen Harmonium- und Orgelwerke nicht ohne seine inspirative Hilfe hätte komponieren können.«

Bevor Bergmann im Jahre 1941 stirbt, haben Burghardt und er jahrelang zusammengearbeitet und sind eng miteinander befreundet gewesen.[74]

Zwei besondere Botschaften, weil in beiden, sowohl bei Van der Plas als auch bei Burghardt, zum Ausdruck kommt, dass sie nicht allein ein Fortbestehen nach dem Tod anerkennen, sondern auch, dass der Verstorbene, mit dem sie verbunden sind, intensiv mitwirkt an der Aufgabe, die sie auf Erden verrichteten.

Vorboten einer neuen Kultur

Möglicherweise sind diese Art Erfahrungen zwischen Verstorbenen und Lebenden ein Ausblick auf eine Zeit, in der es, um der gegenseitigen Entwicklung willen, ganz normal sein wird, dass beide Seiten bewusst miteinander in Wechselwirkung und ins Gespräch treten. Wir können sogar davon ausgehen, dass es in der Zukunft eine selbstverständliche Kultur wird, dass die Lebenden auf Erden die Verstorbenen, die so viel mehr überschauen können, um Rat fragen werden, wenn wichtige Entscheidungen getroffen werden müssen.

Etwas von jenem zukünftigen 'Dialog' klingt durch in den Kontakten, die während des Ersten Weltkriegs zwischen einem gefallenen jungen Soldaten aus dem deutschen Heer und seinen zurückgebliebenen Schwestern entstanden.

Sigwart, wie der Soldat hieß, wurde 1884 in München geboren. Schon in seiner frühen Jugend zeigte es sich, dass er ein ausgeprägtes musikalisches Talent besaß. Mit acht Jahren komponierte er schon Lieder, die er selbst begleitete, und Stücke für das Piano. Später studierte er Musik und komponierte eine Oper. Als der Erste Weltkrieg ausbrach, meldete er sich als Soldat. Am 9. Mai 1915 wurde er von einem Schuss durch die Lunge schwer verletzt. Ein paar Wochen später starb er, 31 Jahre alt.

Mit einigen von seinen Schwestern hatte Sigwart einen besonders innigen Kontakt. Ihnen gegenüber versucht er sich nach seinem Tod durch bestimmte Seelenerlebnisse erkennbar zu machen. Eine seiner Schwestern beschreibt diese Seelenerlebnisse als eine innerliche Unruhe, welche ihr stark das Gefühl gab, dass Sigwart etwas von ihr erwartete. Doch der Gedanke, Sigwart mit spiritistischen Dingen in Verbindung zu bringen, erfüllte sie mit Abscheu und hielt sie zunächst davon zurück, darauf einzugehen. Nach einiger Zeit bekam sie, innerlich wach geworden, jedoch eine Einsicht, wie sie aus einer voll bewussten Seelenhaltung heraus mit Sigwart in Verbindung treten konnte.[75] Sie erzählt:

»Mir ist klar geworden, was Sigwart will. Es ist nicht so, dass er meine Hand führen und mich von außen beeinflussen will, doch *ich* muss *selbst* die Tür in meinem Kopf und in meinem Herzen öffnen, auf dass ich die Worte höre, die ich aufschreiben soll.«

So begann ein geschriebenes Gespräch zwischen Sigwart und seinen Schwestern, das viele Jahre dauern sollte. In jenem Gespräch beschreibt er Geschehnisse in der geistigen Welt, gibt seinen Schwestern Ratschläge für ihr geistiges Leben, steht ihnen bei Meditationen und Gebeten zur Seite und erzählt ihnen seine eigenen Erlebnisse in den verschiedenen Sphären der Astral- und der höheren Lichtwelt. Relativ schnell steigt er mit einem Teil seines Wesens auf zu den höheren Welten, den höheren Sphären der Astral- oder der seelischen Welt und den angrenzenden Regionen der Lichtwelt, dem Devachan. Das geschieht, weil er sich auf Erden, unter anderem durch die Musik, schon intensiv mit geistigen Dingen beschäftigt hatte.

Wir schließen dieses Kapitel mit einer Zahl von Zitaten aus diesen Gesprächen zwischen Sigwart und seinen Schwestern. Sie als Leser(in) werden darin allerlei Aspekte bestätigt finden, die wir in den Kapiteln zuvor besprochen haben.

Am Anfang steht die Trauer über den Verlust ihres Bruders dem Kontakt zwischen Sigwart und seinen Schwestern im Wege. Später, als sie ihre Trauer überwinden, geht es besser. Sigwart sagt ihnen daher zu einem bestimmten Zeitpunkt:

»Ich bin nun ganz zufrieden mit euch. Anfangs war euer Schmerz so furchtbar für mich. Es kostete mich die allergrößte Mühe, mich euch gegenüber fühlbar zu machen. Nun ist es besser.

Durch eure große Liebe und Einsicht komme ich euch immer näher. Ihr werdet glücklich sein, weil ihr durch mich weiterkommen werdet und viel werdet lernen können. Denn ich starb auch für euch, um euch die Erkenntnisse des Geistes bringen zu können.

Ich habe meinen Tod selbst hervorgerufen, weil ich hier etwas viel Größeres zu tun hatte. Von jenem Werk könnt ihr euch überhaupt keine Vorstellung machen, so schön, so groß und so vollkommen ist es.

Obgleich ich stets weiterkomme, bin ich doch immer da und ich weiß, wie es euch geht. Wir können einander in all dem Hohen finden – ob das nun in der Kunst ist, in den Gebeten oder in der schönen Natur, das ist egal. Ich fühle auch jetzt noch jeden großen Gedanken. Ihr sollt begreifen, dass ich von jeder Sphäre aus mit euch in Verbindung bleiben kann, weil uns eine hohe, reine Liebe verbindet, und die besteht ewig. Das müsst ihr glauben.

Ich habe euch heute Nacht schon viel über mein Leben und Sterben gesagt. Ihr alle wart in einem Kreis um mich herum, und wir genossen das lange Zusammensein. Vielleicht werdet ihr euch im Laufe der Zeit daran erinnern. Zunächst wird es euch wie ein Traum erscheinen.

Ich gebe mir die größte Mühe, euch weiterzubringen, aber dafür müsst ihr meine Nähe als einen Ansporn zum Höherstreben empfinden. Ich kann allein bei euch sein, wenn ihr nicht von fremden Energien beeinflusst werdet und euch ganz in die Sphäre des Übersinnlichen vertieft. Da ich nun keinen Körper mehr habe, geht das nur noch über das geistige Element. Darum müsst ihr an mein geistiges Ich denken, wenn ihr an mich denkt. Das Denken an mein körperliches Ich zieht mich immer wieder in die Materie, und das ist unangenehm.

Wenn ihr mit geistig hochstehenden Menschen über Fragen über die geistige Welt sprecht, profitiere auch ich davon und lerne ich bei euch viel von dem, was ich hier nicht erfahre.

Ihr wollt etwas über mein Leben hier erfahren. Ich lebe allein für das große Werk, wovon ich euch schon oft erzählt habe: die heilige Musik, die der Menschheit von großem Nutzen sein wird. Mein Schaffen auf Erden war davon schon ein kleines Bruchstückchen. Das Schaffen hier wird etwas werden, was ungemein schön sein wird und alle Sphären durchdringen wird, bis in die höchsten Regionen. Aber dafür benötigst du viel Kraft und viel Talent. Ich habe immer gespürt, dass ich etwas Großartiges schaffen sollte. Daher auch meine Ruhe, als ich in den Krieg ging. Ich wusste: Alles liegt in Gottes Hand. Ich habe es keinen Augenblick bedauert. Es sollte so sein, das war mein Los! Ich hatte schon immer das Gefühl, dass ich nicht alt werde.

Ich bin nun in einer Sphäre angelangt, wo alles einfacher ist. Hier stört mich nicht mehr so vieles von dem, was mich anfangs verwirrte. Auch mein Werk hier ist viel schöner, denn es ist freier von den Einflüssen eurer Erde. Ich bin dadurch nun auch ein wenig gelöster und teile folglich nicht mehr alle kleinen Sorgen mit euch wie zu Beginn, die sehr quälend für mich waren. Natürlich dringt jedes starke Gefühl, das mich betrifft, direkt zu mir durch, doch ich werde nicht mehr durch all die hundert kleinen Sorgen und Gedanken belastet. Ich kann nun noch viel mehr für euch bedeuten, weil ich selbst über größere Kräfte verfüge.

Das Band, das uns bindet, ist viel intensiver als während meines Lebens. Denn ich kann nun *in* euch sein. Ich umgebe euch mit meiner Hilfe und Liebe und darf euch gegen die negativen Einflüsse beschützen, die das Leben auf Erden stets mit sich bringt. Ruft mich, wenn ihr mich braucht. Das Gefühl der Dankbarkeit euch gegenüber wächst immer mehr, denn ich sehe, wie ihr euch um meinetwillen entwickelt. Ich werde das einmal vergelten.

Ich darf allein bei euch sein, zuhören, mitverfolgen, euch trösten und Kraft geben. Aber ich darf nichts auf eurem Lebensweg verändern.

Gestern war ich auch bei eurer Musik zugegen, und ich fühlte mich stark *in* euch. Ihr müsst mich richtig verstehen: Ich bin da und wirke durch meine Anwesenheit unbewusst mit. Ich bin *in* der Musik, die ihr hört.

Ich ging von euch, weil ich hier etwas Großes zu vollbringen habe. Ich habe den Auftrag, sieben himmlische Sinfonien entstehen zu lassen. Mit einer bin ich schon fertig. Das Ziel dieser großen Schöpfungen ist, die Gesinnung auf Erden in die richtigen Bahnen zu lenken. Die Musik verteilt sich über die verschiedenen Sphären, die eure Welt umgeben, und hat einen gewaltigen Einfluss. Die Menschheit wird dadurch vergeistigt. Die Musik ist die höchste Kunst. Allein sie kann indirekt auf die Menschen einwirken. Sie wissen und hören nichts davon, da die irdische Umgebung das alles verhüllt, und doch lauschen sie ihr. Das ist unser Werk. Nach dem Tod werden die Menschen es hören.

Die Drähte unserer Liebe werden nun immer enger und schöner. Wir sind durch unsichtbare Drähte verbunden, von daher, dass wir beiderseitig aufeinander reagieren können. Natürlich ist das von meiner Seite aus einfacher, da ich keinen physischen Körper mehr habe und jede Regung direkt verspüre. Bei euch muss alles zunächst durch die vielen dichten Schichten hindurchgehen, dadurch spürt ihr nicht jede kleine Empfindung oder Gefühlsäußerung meinerseits.

Es ist heute eine Unruhe um euch herum, die es mir schwer macht, mit euch zu sprechen. Ich kann das nur, wenn ihr Frieden in euch und um euch herum habt. Finde ich aus Mangel an Harmonie bei euch keinen Widerhall, so darf ich von meinen Meistern nur die Hälfte erzählen. Sonst gehen die Heiligtümer verloren. »Das Werk« gehört euch allen, jeder Einzelnen von euch, und es wird später auch noch andere Ziele erfüllen.

Ich hörte eure Gespräche gestern Abend. Wie schön ist es doch, wenn ihr zusammen seid und geistige Fragen stellt. Ich antworte euch dann. Oft hört ihr es, aber oft auch leider nicht. Ich kann sehen, wie lehrreich diese Stunde für jede von euch ist, da ich bei jeder Einzelnen von euch die Wirkung spüre. Es ist dann nicht nur unser Kreis, der zusammen ist. Viele andere gesellen sich dazu. Auch sie tauschen Meinungen aus und lehren sogar und unterrichten mich und euch. Wenn ihr es durchhaltet, stets zur selben Zeit geistige Dinge zu lesen und euch mit übersinnlichen Fragen zu beschäftigen, kann sich in der Zukunft eine gewaltige Kraft entwickeln, weil stets höhere Wesen daran teilnehmen. Sie beeinflussen euch und helfen euch, die schwierigsten Fragen zu lösen. Ich bin euch in jener Stunde immer am nächsten, und in dem Maße, wie die Kraft, über die ich verfüge, größer wird, kann ich mich auch stets fühlbarer machen.

Die Stunde der Weihe. Ich segne euch und bin in euch. Sie hilft uns, sie hilft euch und ihr hilft die Gottheit, die über euch wacht. Hier an diesen Ort der Weihe kommen Heerscharen von Lichtgestalten. Habt ihr sie nie bemerkt? Ihr spürt es schon so deutlich. Erst spüren, später sehen.

Ich habe euch singen hören, die guten alten Melodien. Jede Note sagt mir etwas, ist ein Flüstern von der Zeit, als wir noch zusammen waren. Es liegt eine Wehmut darin, die tiefer ist als die Erinnerung. Kommt oft und bringt mir hohe Gedanken. Eure Aufgabe ist es, den schönsten Tempel zu bauen. Jeder hohe Gedanke ist ein Baustein, und davon sind so unendlich viele nötig. Schenkt mir – schenkt mir Bausteine!

Je weiter man geistig kommt, desto größer wird der Kreis der Wesen, denen man seine Liebe schenkt. Man hat schließlich nicht nur *einen* Menschen auf Erden lieb! Das ist gerade das Wunderschöne: Die große Harmonie wirkt wie ein wunderbar abgestimmter Akkord. Jede Note klingt für sich, doch im Einklang miteinander liegt die Vollendung.

Die größte Entscheidung war heute, als mein Bruder das Vaterland und meine letzte Ruhestätte betrat. Er war stark. Ich konnte dicht an ihn herankommen. Mein höheres Ich, mein Selbst, umhüllte ihn in einer Wolke aus Liebe und Frieden. Von nun an kommt kein Augenblick mehr, vor dem ich mich fürchte. Nichts kann uns mehr trennen. Das war die letzte Prüfung für mich. *Ihr* habt sie durchgestanden, und darum *bin ich* erlöst! In Demut schließe ich meine Augen vor der Erfüllung meiner Sehnsüchte, die auch die euren waren. Sucht mich alle nur noch in den lichten Höhen, dort in den weiten Hallen des Friedens.«

13

WAS WIR FÜR DIE VERSTORBENEN TUN KÖNNEN

Wir können auf Erden viel mehr für die Verstorbenen tun, als wir oft annehmen. Wir können manchmal ganz konkret denen Hilfe leisten, die in der Astralwelt festsitzen.

Durch unser Gebet können wir diejenigen, die sich in der Finsternis der Astralwelt verirrt haben, wachrufen und ihnen das Licht ins Bewusstsein bringen, das in ihnen lebt und sie erwartet.

Wir können denen, die in der geistigen Welt im Kama-Loka weilen, beim Prozess der Bewusstwerdung helfen, beim Erwerben von Einsicht und dem Ernten des Gewinns von dem soeben vollendeten Leben.

Wir können die Verstorbenen auf ihrem Weg durch die geistige Welt inspirieren, indem wir ihnen unsere Dankbarkeit, unser Vertrauen und unsere Empfänglichkeit für die Zukunft als Geschenk anbieten. Dieses auf den ersten Blick so »einfache« Geschenk ist von großer geistiger Kraft und hat dadurch eine große Auswirkung auf die Verstorbenen, denen wir es in Liebe darreichen.

Hilfe für diejenigen, die in der Astralwelt gefangen sitzen

Dass wir, hier auf Erden, den Verstorbenen tatsächlich Hilfe leisten und ihnen auf ihrem Weg in der geistigen Welt beistehen können, habe ich selbst auf eine eindrucksvolle Art und Weise erfahren dürfen.

Als vor einigen Jahren meine Schwester verstorben war, saß ich einige Tage nach ihrem Übergang auf der Couch. Ich zündete eine Kerze an für sie, sprach im Stillen ein Gebet und war in Gedanken bei ihr. Plötzlich, völlig unerwartet, war ich außerhalb meines Körpers und befand mich in einer Schattenwelt. Ich sah, wie allerlei Menschen als durchsichtige Schemen hin und her liefen. Es fiel mir auf, dass sie niemanden sahen, obwohl viele Gestalten umherliefen. Offenbar sahen sie nur sich selbst. Manchmal durchquerten sie einander sogar, ohne den anderen zu bemerken. Auch fiel es mir auf, dass sie fortwährend in Bewegung waren, als könnten sie keine Ruhe finden. Während ich dort war und mich umsah, spürte ich, dass ich dort nicht grundlos war, sondern dass ich eine Aufgabe zu erledigen hatte. Ich wusste allerdings nicht, welche Aufgabe das wohl wäre. Plötzlich sah ich auf einem Felsblock meine Schwester sitzen. Sie war, anders als die anderen Menschen, die dort weilten, in ein weißes Gewand gekleidet. Ich sah, dass sie weinte und hörte sie sagen: »Was soll ich nun tun?« Sobald ich sie sah, wusste ich, dass ich wegen ihr hierhin gekommen war. Ich ging sofort auf sie zu und sagte eindringlich zu ihr: »Geh nur, gehe zum Licht, nun mach schon.« Und da geschah es: Ich sah, wie sie plötzlich emporschoss und, gehüllt in eine ellipsenförmige, transparente Umhüllung, immer schneller emporflog, in den Raum hinein. Ich hörte ein brausendes Geräusch, wie von einer Rakete, das zunahm, je höher die Geschwindigkeit wurde, und ich sah, dass die Oberseite der ellipsenförmigen Hülle rot glühend wurde durch die Geschwindigkeit, mit der sie aufstieg. Froh und verwundert sah ich ihr hinterher: Sie wurde schnell kleiner, bis sie nur noch ein Pünktchen in der Ferne war.

Im nächsten Augenblick war ich wieder zurück in meinem Körper, öffnete meine Augen und saß zu Hause auf der Couch. Tagelang trug ich die Rührung und die Freude, die diese Erfahrung mir gebracht hatte, im Stillen mit mir. Was mich bei der Betrachtung dieser Erfahrung so berührte war, wie sie in das ganze

Muster passte. Meine Schwester mochte keine fremden, unerwarteten Situationen; das Vertraute war ihr am liebsten. Doch nun wurde sie mit einer neuen Welt konfrontiert, die sie allein betreten musste und in der sie aus eigener Kraft ihren Weg suchen musste. Während ihres Lebens auf Erden hätte sie in solch einem Fall immer ein Familienmitglied oder einen Verwandten bei sich gehabt. Aber nun, bei ihrem Übergang in die geistige Welt, war das nicht möglich. Und darum durfte ich ihr nun diesen einen Anstoß geben, den sie nötig hatte, um in jener neuen Welt ihren eigenen Weg zu finden. Bis zum heutigen Tag erfüllt mich eine tiefe Dankbarkeit, dass mir dies gewährt wurde.

Später habe ich sehen dürfen, wie noch jemand anders, mit dem ich während seines Lebens auf Erden eng verbunden war und der seit seinem Tod in der Astralwelt »festsaß«, endlich den Weg zum Licht fand. Auch diese Freundin sah ich wie eine Rakete aus der Finsternis »emporschießen«, der Lichtwelt entgegen. Dass sie, nach irdischen Maßstäben gerechnet, so viele Jahre in der Finsternis »festsaß«, war nicht allein die Folge ihres Unvermögens, die Erde und das irdische Leben loszulassen, sondern auch ihrer starken Ausrichtung auf sich selbst, die es ihr schwer machte, ein Auge für andere zu haben, und ihres Mangels an Vertrauen in Gott. Ich durfte sehen, wie unser Gebet – das meine und das der anderen – schließlich dazu beitrug, dass sie aus jenem Zustand der Betäubung erwachte und sich innerlich des ersten Lichtes bewusst wurde. Jene Bewusstwerdung ermöglichte es ihr, doch noch den Weg zur Lichtwelt zu finden und zu gehen.

Mit diesen Erfahrungen stehe ich übrigens nicht alleine da. In unserer Zeit dürfen viele Menschen dies bewusst erfahren. Daneben gibt es andere, die derartige Erfahrungen unbewusst erleben, indem sie zum Beispiel im Schlaf aus ihrem Körper austreten und die niedere geistige Welt betreten, um dort Menschen aufzuerwecken und bewusst zu machen. Aber alle, die diese Erfahrungen machen und als eine bewusste Erinnerung mit sich mitnehmen dürfen, werden sich auch der Tatsache bewusst, dass es wirklich wahr ist: Wir, die wir hier auf Erden leben, können durchaus Einfluss ausüben auf den Weg derer, die gestorben sind und mit ihrem Weg durch die geistigen Welten begonnen haben.

Auch wenn jemand gestorben und in die geistige Welt hinübergegangen ist, so ist dieser andere darum noch nicht unerreichbar geworden für uns, im Gegenteil. Ob wir uns dessen bewusst sind oder nicht, wir üben nach wie vor einen großen Einfluss aus auf den Weg des anderen in der geistigen Welt.

Das ist das, was zuerst deutlich wird, wenn wir uns auf die Frage besinnen, was wir, von der Erde aus, tun können für diejenigen, die hinübergegangen sind: Wir können für sie beten. Jedes Gebet, das aus unserem Herzen kommt, ist eine geistige Kraft, die jene wirklich erreicht und die, wie auch immer, eine Wirkung zeigt. Vor allem könnten wir für diejenigen beten, die in der Astralwelt »festsitzen« und den Weg zum Licht nicht finden können. Wenn wir regelmäßig beteten, so würde das auch bedeuten, dass von der Erde aus eine Kraft des Lichts zu ihnen käme, welche sie Schritt für Schritt bewusst machte, ihnen helfen würde, sich von der Erde und von sich selbst zu lösen und ihnen das Licht ins Bewusstsein brächte: Die Erkenntnis, dass göttliche Kraft in allem ist, was lebt. So ein wiederholtes Gebet ist ein Auftrag, der uns von der geistigen Welt aus anvertraut wird. Wir dürfen lernen, mit den geistigen Wesen und mit den Engeln zusammenzuarbeiten. Ihre Aufgabe ist es, unter anderem für diejenigen zu sorgen, die hinübergehen, und persönlich zur Befreiung derer beizutragen, die gefangen sitzen.

Hilfe im Kama-Loka

Wir können aber noch mehr tun. Denn unser Einfluss, die Wirkung unserer Herzenskraft, hat nicht allein Einfluss auf diejenigen, die in der Astralwelt gefangen sitzen, sondern er reicht noch weiter. Dieser Einfluss wird ganz begreiflich, wenn wir bei der Prüfung verweilen, die der Hinübergegangene im Kama-Loka oder in der Astralwelt durchmacht. Nicht allein der Hinübergegangene macht solch einen Prozess durch, auch der Zurückgebliebene auf Erden durchlebt meistens ein ähnliches Geschehen. Wenn jemand, mit dem wir eng verbunden waren, verstorben ist, beginnt auch in uns ein Besinnungsprozess. Wir haben dann nicht nur mit Gefühlen des Verlustes zu tun, mit Fragen, die in uns aufkommen und auf die wir nicht sofort eine Antwort haben und mit den äußerst schmerzlichen Gefühlen der Trauer, sondern oft auch mit Gefühlen der Wut und des Im-Stich-gelassen-Werdens. Alle diese Gefühle leben oft in einem verwirrenden Chaos in unserem Herzen. Daneben existiert die Frage, was nun eigentlich weiter geschieht mit dem Verstorbenen. Alle diese Gefühle und Fragen sorgen dafür, dass wir uns von selbst auf die Frage besinnen, wer der andere nun eigentlich war und welchen Platz sie oder er in unserem Leben eingenommen hatte. Wir verweilen bei der Frage, was der andere uns gegeben hat und was wir ohne diesen anderen nicht gelernt oder entdeckt hätten, und bei der Frage, warum es uns der andere, oft ohne Absicht, schwer gemacht hat. In jenem Besinnungsprozess werden wir uns oft der Dinge bewusst, die wir während des Lebens des anderen nicht sahen oder nicht sehen konnten. Wir fangen an, sowohl uns selbst als auch den anderen gerechter und deutlicher zu betrachten. Jene Besinnung hilft uns also, nicht allein den anderen, sondern auch uns selbst besser kennen zu lernen.

Natürlich können wir solch einem Besinnungsprozess auch aus dem Weg gehen. Wir können den Fragen, die in uns aufkommen, ausweichen oder sie verdrängen. Das geht. Aber zum Glück geschieht das in den meisten Fällen nicht. Denn gerade wenn wir uns durch einen solchen Besinnungsprozess mitnehmen lassen, wenn wir dem nicht aus dem Weg gehen, sondern innerlich aktiv werden und jenen Prozess an uns vollziehen lassen, wachsen nicht allein wir selbst Schritt für Schritt zu mehr Einsicht und Klarheit und finden uns Schritt für Schritt mit dem Abschied ab, den wir nehmen mussten, sondern wir schenken dadurch auch dem Verstorbenen Einsicht und Klarheit. Um es einfach auszudrücken: Der Verstorbene schaut uns gleichsam über die Schulter und liest in unserem Herzen, was dort an Einsicht und Klarheit wächst. Und was er oder sie dort liest, kann ein großer Impuls für den Prozess sein, durch den er oder sie persönlich geht. Das kann den Prozess beschleunigen und erleichtern.

Wenn der Verstorbene sich im Kama-Loka bestimmter Fehler bewusst wird, kann es ihr oder ihm helfen, wenn sie oder er in unserem Herzen lesen kann, dass auch wir uns jener Fehler bewusst geworden sind, doch dass wir gleichzeitig begriffen haben, warum jene Fehler gemacht wurden. Es kann dem Verstorbenen helfen, wenn er oder sie in unserem Herzen lesen kann, dass wir dem anderen wirklich vergeben haben, weil nicht die Fehler wesentlich waren, sondern was dieser andere uns an Gutem gegeben hat.

Meistens merken wir es nicht bewusst, doch was der Verstorbene im Kama-Loka an Einsicht erwirbt, das kann auch in unser Herz, in unser Wissen strömen; zumindest wenn wir uns dem öffnen und schmerzlichen Fragen nicht aus dem Weg gehen.

Wir sehen also, dass jene zweifache Besinnung – die im Kama-Loka und die hier auf Erden – eine gegenseitig inspirierende Kraft werden kann, welche die beiden Prozesse beschleunigt. Dadurch wird es möglich, die Liebe, die es zwischen diesen beiden Personen gab – die eine hier auf Erden, die andere in der geistigen Welt – gereinigt aufleuchten zu lassen. Für uns, die wir hier auf Erden zurückbleiben, ist es wichtig zu wissen, dass wir dem anderen helfen können, indem wir den Fragen in uns nicht aus dem Weg gehen, sondern sie so ehrlich und aufrichtig wie möglich erleben. Damit schenken wir nicht allein uns selbst einen neuen Weg in die Zukunft, sondern helfen auch dem anderen, um dort, im Jenseits, einen eigenen Weg in die Zukunft zu finden. Denn erst wenn wir uns mit der Vergangenheit abgefunden haben und diese – verarbeitet und erlebt – loslassen können, öffnet sich uns wirklich die Zukunft. Dann sind wir nicht länger an die Vergangenheit gefesselt, sondern wir stehen frei und unbefangen in der Gegenwart, frei, um der Zukunft entgegenzugehen.

Mit Nachdruck will ich hier betonen, dass wir, nach dem Hinübergehen von irgendjemand, sowohl die Vergebung des anderen empfangen können als auch selbst dem anderen Vergebung schenken können. Es ist somit möglich, nachträglich zur Versöhnung zu kommen, die aus dem einen oder anderen Grund hier auf Erden nicht möglich war. Es ist möglich, jene Versöhnung einander tatsächlich erkennbar zu machen. Der Verstorbene kann uns diese aus der geistigen Welt erkennbar machen. Zum Beispiel in einem Traum, in einer Meditation oder als ein plötzlich hell aufleuchtendes Gefühl, als eine innerliche Gewissheit. Wir, von unserer Seite, können diese dem Verstorbenen erkennbar machen, indem wir die Vergebung aussprechen, in einem Gebet, in einem laut vorgelesenen Brief oder nur in der Stille unseres Herzens. Solch eine Versöhnung ist immer das Endresultat der innerlichen Besinnung und Reflexion, durch die wir beide nach dem Hinübergehen des anderen gegangen sind. Die Versöhnung braucht also nicht bis zu einem folgenden Leben auf Erden zu warten, sondern sie kann jetzt schon verwirklicht werden. Es ist mehr als bewegend, dir dieser Möglichkeiten bewusst zu werden und erfahren zu dürfen, wie jene Versöhnung doch noch zur Realität wird.

Inspiration

Zu den größten Geschenken, die wir dem Verstorbenen von der Erde aus mitgeben können und dürfen, gehören die Dankbarkeit, das Vertrauen und eine neue Ausrichtung auf die Zukunft. Es sind diese drei Geschenke, die das Leben und den Weg des Verstorbenen in der geistigen Welt tiefgreifend bestimmen können. Wie wollen uns daher nacheinander mit deren Wirkung auseinander setzen.

Dankbarkeit

Das erste Geschenk ist unsere Dankbarkeit. Die Frage, die einem schließlich am Ende des Besinnungsprozesses dämmert, welcher nach dem Übergang eines Lieben beginnt, ist folgende: Kann ich wirklich dankbar sein für die Rolle, die der Hinübergegangene in meinem Leben gespielt hat? Kann ich ihr oder ihm dankbar sein für alles, was sie oder er mir zu erleben gab? Das bedeutet auch Dankbarkeit für alle schwierigen oder schmerzlichen Erfahrungen, in die ich durch den anderen hineingezogen wurde.

Nun ist Dankbarkeit für schöne und beglückende Erfahrungen nicht schwer. Solch eine Dankbarkeit wallt gleichsam von selbst in unserem Herzen auf. Aber Dankbarkeit für schmerzliche Erfahrungen ist nicht selbstverständlich. Bitterkeit und Groll liegen dann mehr auf der Hand. Und doch geht es darum, dass wir lernen, es einzusehen, dass wir die schwierigen und schmerzlichen Erfahrungen irgendwie nötig hatten – weil wir sonst schließlich nicht zu dem Menschen herangewachsen wären, der wir nunmehr geworden sind. Wenn wir die Bitterkeit oder den Groll überwunden und ein Auge dafür bekommen haben, was wir durch jene schmerzlichen Erfahrungen lernen durften, dann kann allmählich Dankbarkeit wachsen, auch für die harten Lektionen, die wir offenbar nötig hatten, um zur Einsicht zu gelangen. Wenn diese Dankbarkeit schrittweise in uns wächst, wird sie eine geistige Kraft, die regelrecht aus unserem Herzen zu dem anderen strömt und diesem einen starken Impuls bei seinem Besinnungsprozess im Kama-Loka übermittelt. Das wird ihm oder ihr gewiss helfen, um auch selbst, durch die Enttäuschung, den Groll oder die Verbitterung, an die Dankbarkeit heranzuwachsen. Wo es nur noch Dankbarkeit gibt, da wächst die Zufriedenheit über das vollendete und abgeschlossene irdische Leben, und dadurch kann jenes Leben losgelassen werden. Es ist also keine geringe Kraft, die wir mit unserer Dankbarkeit gegenüber dem anderen in Bewegung setzen. Selbst wenn der andere schon aus dem Kama-Loka in die Lichtwelt eingegangen ist, so bleibt unsere Dankbarkeit dennoch eine machtvolle, inspirierende Kraft für den weiteren Weg des anderen durch die geistigen Sphären. Unsere Dankbarkeit verleiht dem anderen Flügel und ermöglicht es ihr oder ihm, ungeahnte Dinge zu tun. So begeisternd wirkt die Dankbarkeit, die wir dem anderen entgegenbringen.

Doch wenn wir über unsere Dankbarkeit als eine inspirierende Kraft nachdenken, dürfen wir erkennen, dass sich diese nicht allein auf das bezieht, was der andere uns während seines oder ihres Lebens auf Erden gab. Jene persönliche Dankbarkeit darf eingebettet sein in ein totales Bewusstsein von Dankbarkeit: Kann ich Gott dankbar sein für alles, was ich in diesem Leben durchzumachen hatte und was ich alles miterleben durfte? Kann ich ihm (ihr) dankbar sein für wirklich alle Erlebnisse in meinem Leben, die dunklen und die lichten, die fröhlichen und die traurigen, die einsamen und die glücklichen Erfahrungen? Kann ich Gott dankbar sein für die Höhen und die Tiefen meines Lebens?

Es ist keine leichte Frage, die wir hier vorgelegt bekommen, es ist eine Frage, auf die wir die Antwort auch nicht so ohne weiteres geben können. Jene Antwort kann erst nach einem jahrelangen Ringen mit uns selbst und mit dem Schmerz und der Enttäuschung des Lebens reifen. Doch wenn wir schließlich zu dieser bedingungslosen und totalen Dankbarkeit heranreifen, dann wird diese eine geistige Kraft, welche alle unsere Lieben »auf der anderen Seite« erreicht und inspiriert, und die so, durch sie, zu einer inspirierenden Kraft für die ganze geistige Welt wird. Wir können nicht groß genug über die Wirksamkeit dieser Kraft denken, und folglich auch nicht groß genug über die Wichtigkeit dieser bedingungslosen Dankbarkeit.

Dieser Gedanke ist für viele Menschen fremd; denn Dankbarkeit ist nicht gerade etwas, was in irdischen Beziehungen besonders zählt. Aber für die geistige Welt gilt, dass dies der Stoff ist, aus dem diese Welt aufgebaut ist!

Dankbarkeit ist nicht etwas, was man durch das Lesen einer einzigen Seite erwirbt, sondern etwas, für das man ein ganzes Leben braucht. Ein Leben des inneren Ringens mit all den finsteren Ego-Gefühlen, die uns im Weg stehen, um zu dieser Dankbarkeit zu gelangen: Angst, das Gefühl zu kurz gekommen zu sein, Verleugnung, Unsicherheit und so weiter. Doch je mehr wir einsehen, dass das Erwerben von Dankbarkeit nicht allein etwas ist, das wir für uns selbst tun, sondern dass jeder Schritt vorwärts auf diesem Wege auch ein Geschenk ist für die geistige Welt, desto mehr werden wir dadurch den Impuls und die Ermutigung empfangen, um stets weiter auf diesem Wege voranzuschreiten.

Vertrauen

Was wir hier grundsätzlich über Dankbarkeit sagen, gilt auch für das folgende Geschenk, das wir dem Verstorbenen geben dürfen – unser Vertrauen.

Zuerst wird damit gemeint, das Vertrauen zu haben, dass der Hinübergegangene aufgefangen wird und bei ihrem oder seinem Eintritt in die geistige Welt unterstützt und begleitet wird. Da, wo unsere Hände den Sterbenden loslassen müssen, sind andere Hände, welche die Aufgabe der Sorge und des Beistands von uns übernehmen. Kein Mensch geht allein durch die Pforte des Todes! Jedem wird zur Seite gestanden. Das Einzige, was dabei wichtig ist, ist, ob unsere inneren Augen geöffnet sind, um jenen Beistand auch zu bemerken und ihn anzunehmen. Wir dürfen den Sterbenden also mit jenem Vertrauen umhüllen, um ihn oder sie so durch die Pforte des Todes gehen zu lassen.

Außerdem dürfen wir auf die geistige (Licht-)Kraft des Verstorbenen vertrauen. Jeder Mensch trägt schließlich das göttliche Licht im Verborgenen mit sich. Einst wird sich jenes Licht, wie auch immer, offenbaren. Es gibt kein Licht, das nicht irgendwann offenbar wird! Auch jene Erkenntnis kann uns helfen, den Verstorbenen getrost gehen zu lassen.

Wenn wir jenes Vertrauen von innen heraus aufbringen können, wird auch dieses Vertrauen zu einer geistigen Kraft, die aus unserem Herzen heraus zu strahlen beginnt und von dort aus den Verstorbenen direkt erreicht und sie oder ihn wohltuend umhüllt und inspiriert. Denn auch für dieses Vertrauen gilt, dass es eine geistige Kraft ist, so stark, dass sie imstande ist, dem Verstorbenen Flügel zu verleihen. Aber außer um dieses Vertrauen in den Verstorbenen selbst und in die geistigen Wesen, die sie oder ihn auffangen, geht es auch um das Vertrauen in den Verlauf unseres eigenen Lebens. Das ist möglicherweise noch schwieriger. Denn oft fühlen wir uns so allein, so verloren, so zerrissen, wenn wir einen geliebten Menschen loslassen müssen und sie oder ihn in voller Freiheit den eigenen Weg in der geistigen Welt gehen lassen müssen. Wir fühlen uns wie amputiert, als wenn mit dem anderen auch etwas in uns selbst gestorben wäre. Und doch wird von uns das Vertrauen darin verlangt, dass auch wir in dieser Trauer und in dieser Einsamkeit nicht alleine dastehen, sondern dass man uns trägt und uns zur Seite steht. Das Vertrauen darin, dass auch uns ein neuer Weg durch das Leben gezeigt wird, auch wenn es uns nur so scheint, als wenn ein Weg verschlossen würde. Das Vertrauen darin, dass auch wir tatsächlich die Kraft empfangen werden, um jenen neuen Weg – allein – zu gehen. Das Vertrauen darin, dass unser Leben auch jetzt, da es mit uns allein weitergeht, einen tiefen Sinn und eine Bedeutung hat.

Es ist dieses Vertrauen, das uns davor behütet, uns dauerhaft in der Bitterkeit oder der Enttäuschung zu vergraben. Es ist dieses Vertrauen, durch das wir mitten in unserer Trauer erfahren dürfen, dass Gott bei uns ist. Und es ist dieses Vertrauen, das es uns möglich machen kann, die Nähe Gottes auf eine ganz eigene, intime und persönliche Art und Weise zu erfahren.

Es ist nicht unerheblich, uns ausgerechnet in einer dunklen Zeit unseres Lebens jenes Vertrauen zu Eigen zu machen. Aber wenn es uns gelingt, dann erwerben wir damit auch einen der größten geistigen Schätze, die das Leben auf Erden uns zu schenken hat. Denn dann erwerben wir ein innerliches Vertrauen, das durch nichts und durch niemanden mehr angetastet werden kann, da dieses Vertrauen schließlich schon durch die finsteren Mächte des Verlustes und des Todes geprüft wurde. Wer einmal in diesem Vertrauen wurzeln darf, unerschütterlich und unbefangen, der hat sich damit eine geistige Kraft zu Eigen gemacht, die wie ein Lichtstrahl geradewegs bis in die geistige Welt strahlt, um das Leben dort zu erleuchten und zu inspirieren. Unser Wachstum an Vertrauen ist somit ein Geschenk, das nicht allein auf jene Menschen seine Auswirkung hat, die auf Erden mit uns leben, sondern auch auf diejenigen, die in der geistigen Welt leben und von jener Welt aus noch stets in Liebe bei uns sind.

Was uns bewegt bei der Auseinandersetzung mit den Geschenken, die wir von der Erde aus unseren Lieben in der geistigen Welt geben dürfen, ist, dass diese Geschenke ganz und gar Geschenke von uns selbst sind. Wir haben sie zunächst selbst erobern und innerlich wahr machen müssen, bevor wir sie unseren Lieben als Geschenk geben konnten, denn allein die Geschenke, die ganz aus uns selbst hervorgehen, haben die Kraft, um bis in die geistigen Welten aufzusteigen.

Offenheit für die Zukunft

Das dritte Geschenk, das wir unseren Lieben »auf der anderen Seite« geben dürfen, ist eine innere Offenheit für die Zukunft. Damit meinen wir, dass wir wieder offen und frei, neugierig und unbefangen, die Zukunft auf uns zukommen lassen können. Das ist nicht selbstverständlich, denn der Verlust eines Lieben fesselt uns oft an Erinnerungen und an die Vergangenheit und hindert uns dadurch, der Zukunft unbefangen entgegenzugehen. Trauer und Verlust sind schließlich solche starken emotionalen Kräfte in uns, dass alle unsere Aufmerksamkeit zu dem ausgeht, was war, was wir verloren haben und wie es hätte sein können, wenn dieser andere nicht gestorben wäre. Darum leben wir nach dem Verlust eines Lieben oft mehr in der Vergangenheit als in der Gegenwart und sind ganz und gar nicht auf die Zukunft eingestellt. Erst nach einer langen Zeit der Verarbeitung, in der wir durch unsere Tränen gelernt haben, den Verlust des anderen zu akzeptieren und gelernt haben, dem in unserem Leben einen Platz zu geben, kann schrittweise wieder Bewegungsfreiheit entstehen für die Zukunft. Dieses dritte Geschenk, eine unbefangene Offenheit für die Zukunft, ist somit auch ein Geschenk, das wir zuerst in uns selbst verwirklichen müssen, ehe wir es als ein Geschenk zu unseren Lieben »auf der anderen Seite« senden können.

Auch werden Sie, genau wie wir, häufig erlebt haben, wie Menschen nach dem Verlust eines Partners dauerhaft in Verbitterung und Trauer stecken geblieben sind, gerade weil sie es nicht wagten, durch die Tiefe und die Härte des Verlustes zu gehen, um so loslassen zu können. Aber wenn man nicht hindurch geht, werden Verbitterung und versteinerter Kummer zu geistigen Kräften, die den Lieben beim Finden des eigenen Weges in der geistigen Welt gerade im Weg stehen. Es ist, als wenn sie durch uns immer wieder in die Vergangenheit, in das Leben auf Erden, zurückgezogen werden, anstatt von uns den Impuls und die Anregung zu empfangen, um auf ihrem eigenen Weg fortzufahren. Was wir mit unserer Trauer und unserem Verlust tun, wie wir damit umgehen, hat wie auch immer eine Auswirkung auf den Weg desjenigen »auf der anderen Seite«. Zum Guten oder zum Schlechten.

Zu Unrecht denkt man, dass man überhaupt nicht trauern dürfte oder überhaupt nicht das Verlangen haben dürfte, dass der andere noch da wäre, hier, in diesem Leben, ganz in der Nähe. Natürlich dürfen wir solche Gefühle haben. Kein einziger Trauerprozess kann seinen Fortschritt finden, ohne solche Gefühle und Gedanken. Es geht darum, ob wir uns dauerhaft in solchen Gefühlen festbeißen, ohne dadurch Schritt für Schritt zu wachsen und Stück für Stück wieder einen Freiraum und Interesse zu erhalten für die Zukunft auf Erden ohne den anderen. Wir sollten den Mut haben, durch den Schmerz und den Verlust zu gehen, mit allem Leid und allem Kummer, die dazugehören. Andernfalls verschließen wir jene Gefühle, sodass wir innerlich allmählich versteinern und verbittern. Jeder Mensch hat darin die Wahl, ob er sich dessen nun bewusst ist oder nicht. Und jeder trifft eine Wahl. Eine Wahl, die direkt ihre Auswirkung hat auf den Weg des anderen in der geistigen Welt.

Wenn wir den Mut haben, durch solch einen Trauerprozess zu gehen, kann es geschehen, dass wir zu einem bestimmten Zeitpunkt begreifen werden, dass wir durch alles, was wir innerlich erfahren haben, ein anderer Mensch geworden sind. Ich habe angefangen, anders zu denken, anders zu schauen, ich habe mehr Gefühl für den Schmerz und den Kummer des anderen bekommen, ich bin mir der eigentlichen Werte des Lebens mehr bewusst geworden, ich bin mir der stillen Führung und Hilfe Gottes bewusst geworden. Es kann geschehen, dass wir innerlich zu uns sagen: Ich selbst hätte mich niemals dafür entschieden; und ich würde ungern noch einmal so eine Periode der Trauer und des Verlustes durchmachen, doch ich spüre wohl, dass ich letztendlich durch diese Erfahrung innerlich reicher geworden bin. Wenn wir das aufrichtig sagen können, sind wir der Zukunft gegenüber endlich wieder aufgeschlossen, haben wir uns gelöst von der Bindung an die Vergangenheit, die uns daran hinderte, im »Jetzt« zu leben und der Zukunft offen entgegenzugehen. Dann haben wir den inneren Gewinn erlangt, welchen wir nun dem anderen in der geistigen Welt als Geschenk überreichen können.

Dieses dritte Geschenk ist vielleicht das schönste und kostbarste Geschenk, das wir dem anderen geben können. Gerade weil es alle unsere geistige und Glaubenskraft kostet, um dieses Geschenk zunächst in uns selbst wahr zu machen und zu erwerben. Doch es ist alle Anstrengung mehr als wert, sowohl für uns selbst als auch für den anderen, denn es eröffnet eine neue Zukunft, nicht allein für uns selbst, sondern auch für den anderen, der in der geistigen Welt lebt. Wir geben jenem mit diesem Geschenk einen wirklich ungeahnten Horizont und eine für uns unvorstellbare Aussicht in der neuen Welt, in die er oder sie eingegangen ist.

Abends vor dem Schlafengehen

In der Nacht sind wir der geistigen Welt näher als tagsüber. Denn tagsüber ist unsere Aufmerksamkeit (zu Recht) auf allerlei Dinge gerichtet, die hier auf Erden geschehen müssen und die unsere Aufmerksamkeit erfordern. Aber nachts fallen jene Sorgen und jene gezielte Aufmerksamkeit von uns ab, und wir werden berührbarer für das, was uns aus der geistigen Welt zu verstehen gegeben wird. Darum ist die Nacht schlechthin die Zeit, in der wir mit unseren Lieben »auf der anderen Seite« in Kontakt treten. Oft geschieht das unbewusst. Aber wir können es auch bewusst tun.

Vielleicht liegst du im Bett, hast ein wenig gelesen, machst das Licht aus und willst einschlafen. Wenn du dann – in dem Augenblick, bevor du einschläfst – an den anderen denkst, wird das eine Kraft, die direkt zu ihm ausgeht und ihn auch wirklich in der geistigen Welt erreicht. Die Frage ist also, welche Kraft willst du ihm zukommen lassen? Es ist natürlich das Schönste, wenn wir ihr oder ihm nicht so sehr unsere Gefühle des Verlustes und der Trauer zutragen, sondern vielmehr unsere Dankbarkeit und unser Vertrauen. Aber wie machst du das? Das geht, indem du dir eine Erinnerung an den anderen ins Gedächtnis rufst, am besten eine der schönsten und glücklichsten Erinnerungen, die du an den anderen hast. Rufe dir jene Erinnerung ins Gedächtnis, während du still im Bett liegst, und lasse sie so durch dich hindurchgehen, dass sie wieder kurz Wirklichkeit wird und du wie von selbst innerlich zu strahlen beginnst. Wenn du das tust, ist es gut möglich, dass du fühlst, wie du vor Freude und Dankbarkeit innerlich warm wirst. Lasse auch jene Wärme ganz und gar durch dich hindurchströmen. Blicke mit geschlossenen Augen innerlich auf jene Erinnerung, erlebe jene Erinnerung. Lasse sie dann wieder los und schlafe ein. Dann, in dem Augenblick, hast du deine Botschaft der Liebe und Dankbarkeit versandt und hat der andere die Berührung jener liebevollen Wärme, die von dir ausging, auffangen und spüren dürfen. Du kannst dir dessen sicher sein, dass die Botschaft angekommen ist!

Es besteht die Möglichkeit, dass du in jener Nacht von dem anderen träumst – ein Traum, der mehr ist als ein Traum, und der eigentlich eine wirkliche Begegnung in der geistigen Welt ist. Eine Begegnung, die durch das Geschenk der Wärme und Dankbarkeit möglich gemacht wurde, das wir dem anderen, zu Beginn der Nacht, aus unserem Herzen zusandten.

Liebe ist ewig, und auch der Tod kann der Liebe kein Ende setzen. Darum bleibt es möglich, unsere Lieben zu erreichen und ihnen zu helfen – auch wenn sie in jene größere, geistige Welt eingegangen sind.

ANMERKUNGEN

1.) Carel ter Linden, Een land waar je de weg niet kent, Meinema 1995
2.) Trouw, 10. März 1997
3.) 1. Thessalonicker 5, 23
4.) 2. Korinther 12, 2-4
5.) Apostelgeschichte 9, 9
6.) Bei der Bezeichnung der verschiedenen Körper halten wir uns an die Benennung von Rudolf Steiner, wie er diese in vielen seiner Bücher gegeben hat. Es sind auch andere Bezeichnungen möglich; doch sowohl die Benennung wie die Umschreibung der verschiedenen Körper, wie Steiner sie macht, schließen unseres Erachtens am genauesten an das wenige an, was darüber in den biblischen Texten gesagt wird. Eine ausführliche Beschreibung der verschiedenen Körper, wie Rudolf Steiner sie gibt, können Sie unter anderem in seinem Buch »Theosophie« finden.
7.) Genesis 2, 7
8.) Kohelet 12, 6-7
9.) Sehen Sie hierzu: F. Rittelmeyer, Gemeenschap met gestorvenen, Christofoor, Zeist 1978, Seite 9
10.) Info-3, Monatsmagazin für Spiritualität und Zeitfragen, Nr. 12, 1998, Info-3 Verlag (der es wiederum aus dem »Anzeiger«, Breitenbach, Schweiz, übernahm).
11.) G. G. Ritchie, terugkeer uit de dood, Kapitel V und VI, Becht, Haarlem 1990
12.) ebd., Seite 49
13.) ebd., Seite 60
14.) ebd., Seite 62
15.) ebd., Seite 65
16.) ebd., Seite 65
17.) F. Rittelmeyer, Das Heilige Jahr, Kapitel »Der Himmel«, Verlag Urachhaus, Stuttgart 1980
18.) P. van der Eijk, Naar het hiernamaals en terug, BZZToH, 's Gravenhage 1991, Seite 71
19.) Dr. R. A. Moody jr., Leven na dit leven (Das Leben nach dem Leben), A. J. G. Strengholts Boeken, Naarden, Seite 75
20.) Eine ausführliche Beschreibung des Geheimnisses von Jesus Christus finden Sie in: Hans Stolp, Jezus van Nazareth, Esoterisch Bijbellezen, Ankh-Hermes, Deventer, 1998
21.) Lukas 16, 19-31
22.) Siehe für die Symbolik von »Abrahams Schoß« und von »den fünf Brüdern«: Metaphysical Bible Dictionary, Unity Books, Kanada 1995
23.) 1. Korinther 15, 44
24.) 2. Petrus 1, 14
25.) J. Slavenburg, Thomas en zijn evangelie, Ankh-Hermes, Deventer 1996, Logion 70, Seite 89
26.) Johannes 14, 2

27.) Siehe über das Vergessen von Erinnerungen an vorige Leben und an das Leben in der geistigen Welt: Hans Stolp, *Karma, reïncarnatie en christelijk geloof*, Ten Have, Baarn 1996, Seite 110 ff.

28.) Raymond A. Moody, *De tunnel en het licht*, A. W. Bruna, Utrecht / Antwerpen 1989, Seite 53

29.) Charles P. Flynn, *De bijna-doodervaring*, Ankh-Hermes, Deventer 1988, Seite 28

30.) Dr. R. A. Moody jr., *Leven na dit leven*, a.a.O., Seite 75

31.) Bei der Beschreibung der verschiedenen Regionen der geistigen Welt haben wir vieles von dem entlehnt, was Rudolf Steiner in seinem Buch *Theosophie* darüber schreibt. Siehe das Kapitel »De drie Werelden«, Seite 89 ff.

32.) Rudolf Steiner, *Aan gene zijde van geboorte en dood*, Christofoor, Zeist 1990, Seite 25

33.) Martin Burckhardt, *Die Erlebnisse nach dem Tode*, Die Pforte, Dornach 1996, Seite 29

34.) Rudolf Steiner, *Theosophie*, a.a.O. Seite 101

35.) ebd., Seite 105

36.) Charles P. Flynn, *De bijna-doodervaring*, a.a.O. Seite 30

37.) Stanley Drake, *Over de dood zwijgen?*, Christofoor, Zeist 1966, Seite 61

38.) Genesis 3, 24

39.) Daniel 2

40.) In der östlichen Tradition wird die zweite große Epoche nicht das »Silberne Zeitalter«, sondern die »Kupferzeit« genannt; während die folgende Epoche, die in der westlichen Tradition aufgrund von Informationen aus dem Buch Daniel die »Kupferzeit« genannt wird, in der östlichen Tradition ausgerechnet das Silberne Zeitalter genannt wird. Die Bezeichnungen sind in der östlichen Tradition also genau umgekehrt. Mit dieser unterschiedlichen Namengebung wird jedoch kein wesentlicher Unterschied angedeutet: Es ist schlichtweg so, dass man im Osten dem Kupfer einen größeren Wert zuerkannte als dem Silber, und dass darum jene zweite Epoche dort die »Kupferzeit« genannt wird. Aus dieser unterschiedlichen Namensgebung können wir noch herleiten, wie sehr der Einblick in die aufeinander folgenden Evolutionsepochen in den diversen Kulturen selbst verwurzelt ist. Es ist nicht nur so von anderen Traditionen entliehen.

41.) Genesis 2, 7

42.) *Het Evangelie van Nicodemus*, Übersetzung und Herausgabe der Anthroposophischen Vereinigung, 1981; Siehe auch: A. F. J. Klijn, *Apocriefen van het Nieuwe Testament I*, Kampen, 1981

43.) *Odyssee*, Buch 11, die Verse 489-491

44.) Hans Stolp, *Jezus van Nazareth*, a.a.O., Kapitel 10: »In het midden van het leven.«

45.) Het Evangelie van Nicodemus, a.a.O.

46.) ebd.

47.) Rudolf Steiner, »Aus den Inhalten der esoterischen Stunden III«, Vortrag 6. Januar 1913

48.) Charles P. Flynn, *De bijna-doodervaring*, a.a.O., Kapitel 2

49.) ebd.

50.) ebd.
51.) ebd.
52.) George G. Ritchie, *Terugkeer uit de dood*, a.a.O., Seite 53
53.) ebd.
54.) ebd., Seite 48
55.) Kenneth Ring/Evelyn Elsaesser Valarino, *Het licht gezien: Bijna-doodervaringen*, Ankh-Hermes, Deventer 1999, Seite 130
56.) ebd., Seite 129
57.) ebd., Seite 130
58.) ebd., Seite 134
59.) ebd., Seite 140
60.) ebd., Seite 260
61.) Rudolf Steiner, »Das Johannes Evangelium im Verhältnis zu den drei anderen Evangelien«, G.A. 112, Vortrag vom 24. Juni 1909
62.) *Trouw*, 10. März 1997
63.) Martin Burckhardt, *Die Erlebnisse nach dem Tode*, Kapitel V
64.) Rudolf Steiner, »Okkulte Untersuchungen über das Leben zwischen Tod und neuer Geburt«, G.A. 140, 2. Vortrag, 20. Februar 1913. Siehe auch: Arie Boogert, *Onze doden*, Christofoor, 1992, Seite 157
65.) Rudolf Steiner, *Okkulte Untersuchungen*, Seite 338
66.) F. Rittelmeyer, *Meine Lebensbegegnung mit Rudolf Steiner*, Kapitel 9
67.) Matthäus 18, 20
68.) Kenneth Ring / Evelyn Elsaesser Valarino, *Het licht gezien: Bijna-doodervaringen*, a.a.O., Seite 241
69.) Brief N.N.
70.) Renée Zeylmans, *Stervensbegeleiding*, Centrum Sociale Gezondheidszorg, Kerk-Avezaath, Thiel 1999, Seite 47
71.) George G. Ritchie, *Terugkeer uit de dood*, a.a.O., Seite 51
72.) Richard Heijster in *Trouw*, 5. Dezember 1998
73.) *Trouw*, 30. November 1998
74.) *Motief*, Februar 1999
75.) *Brücke über den Strom: Mitteilungen aus dem Leben nach dem Tode eines im Ersten Weltkrieg gefallenen jungen Künstlers (1915-1945)*, Verlag Die Kommenden, Freiburg i. Br. 1982; die Zitate, die folgen, sind diesem Buch entliehen.